前田育徳会尊経閣文庫編
尊経閣善本影印集成　89

# 荏柄天神縁起

八木書店

# 例言

一、『尊経閣善本影印集成』は、加賀・前田家に伝来した蔵書中、善本を選んで影印出版し、広く学術調査・研究に資せんとするものである。

一、本集成第十一輯は、絵巻を採りあげ、『荏柄天神縁起』『一遍聖絵』『豊明絵草紙』『祭礼草紙』の四部を四冊に編成、収載する。

一、土屋貴裕氏（東京国立博物館　絵画・彫刻室長）が、本集成第十一輯の編集委員を担当した。

一、本冊は、本集成第十一輯の第一冊として、『荏柄天神縁起』巻上・巻中・巻下の三巻を収め、カラーで製版、印刷した。

一、料紙は第一紙、第二紙と数え、本文図版の下欄、各紙右端にアラビア数字を括弧で囲んで、(1)、(2)のごとく標示した。

一、目次及び柱は、原本の章段内容を勘案して作成した。

一、冊尾に、土屋貴裕氏が執筆した「『荏柄天神縁起』解説」「場面解説」及び前田育徳会尊経閣文庫の執筆・計測による「詞書翻刻」「法量表」を掲載した。

令和六年十二月

前田育徳会尊経閣文庫

# 目次

# 荏柄天神縁起

巻上

荏柄天神縁起　巻上　表紙見返

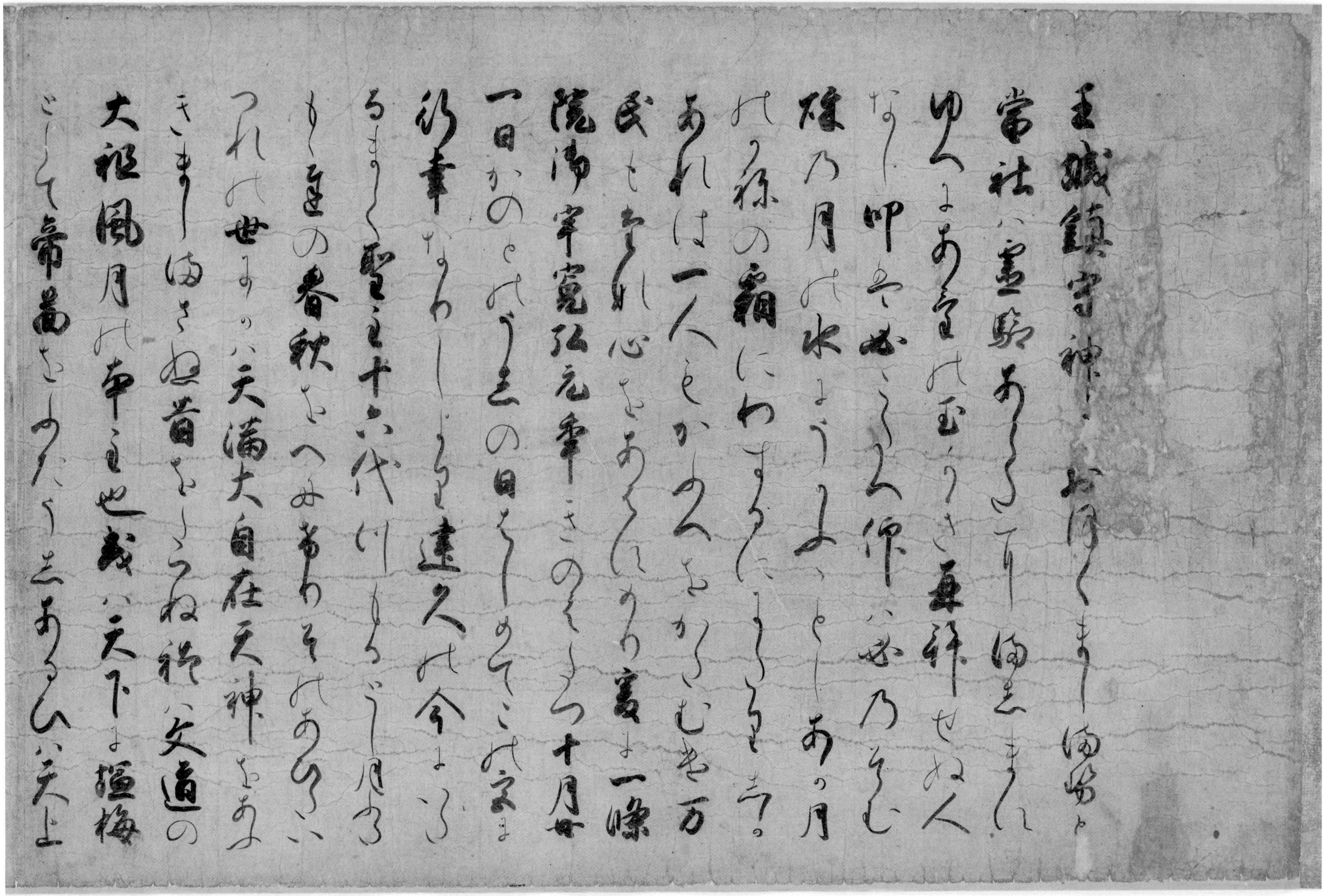

(1)

ごとて帝當をつたらむとあるひハ天上
に日月として國土を照し給へりあまね
れしめしたくましゆゑ化者の化現
られし菅原院と申ハ菅相公是善家也
相公平生のときのかたの家の南庭に五六
歳ハかりなるこらのあそひ給ふを
相公み給ひて容顔端正にして人にあらず
すとおほしゆみ申給ひて相公とへハ
きみハ家の子男そなにゆへにてこゝに
あそひ給ふぞとのたまふにこたへらく
答てのたまハくやゝ定まれる
居所もなし父もなし母もなし相公
をやとせんと思ふへきとおほせ給
さきれハ相公悦しよろこひてかしつき
いつき給ひけるこれそ菅贈大相國とハ
申也と日記にハ見えたり

（3）

(4)

（5）

ちご給ふ生年十一歳まさなる始め
み相子つねにたみ詩作を始めてんや
けるまま八御ちのや
月耀如晴雪
可憐金鏡転
梅花似照星
庭上玉房馨
そ川くりましくけう十三四まてなり
みく御相子も花をおくませれま
ひろの天下よますよく人なりくたし

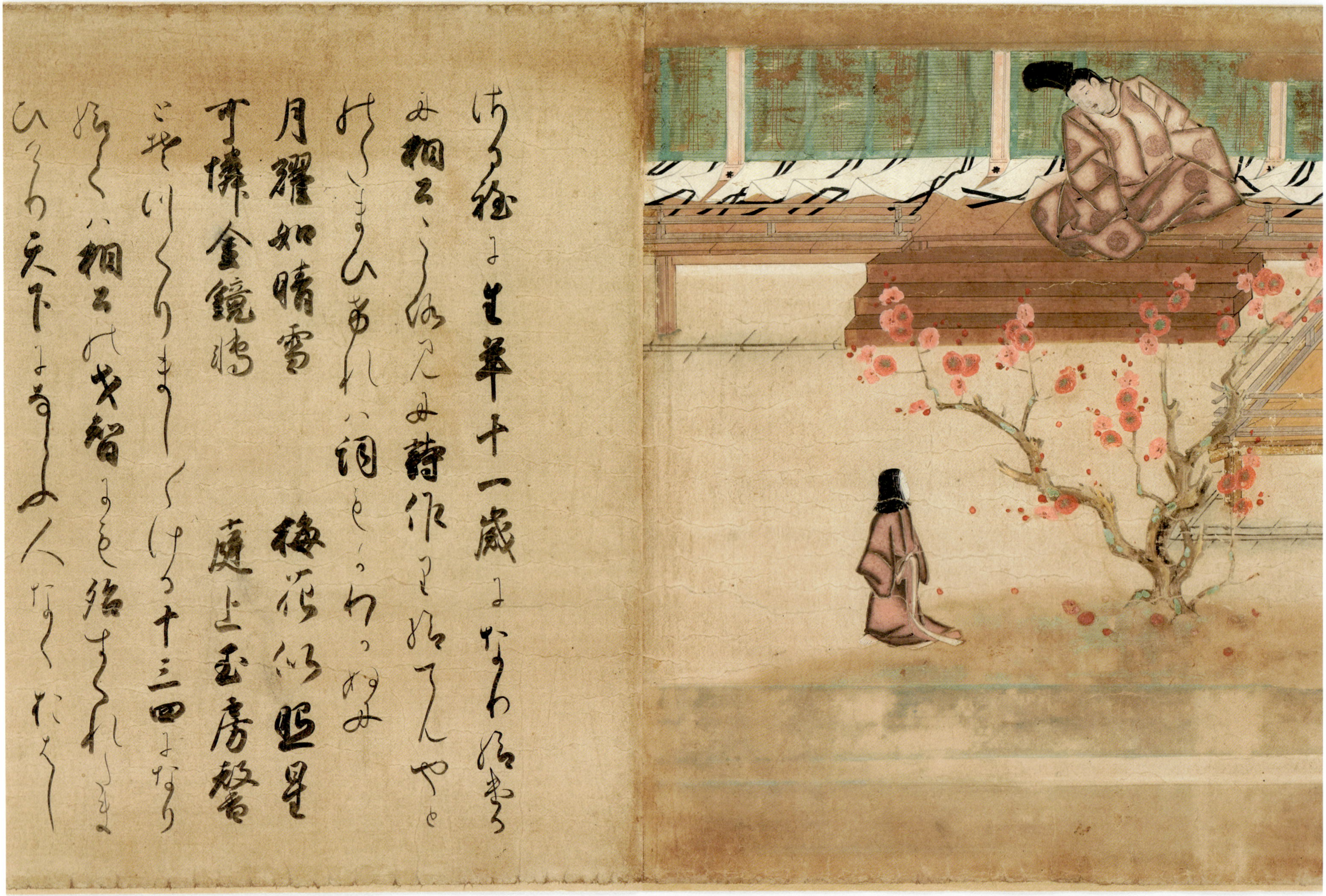

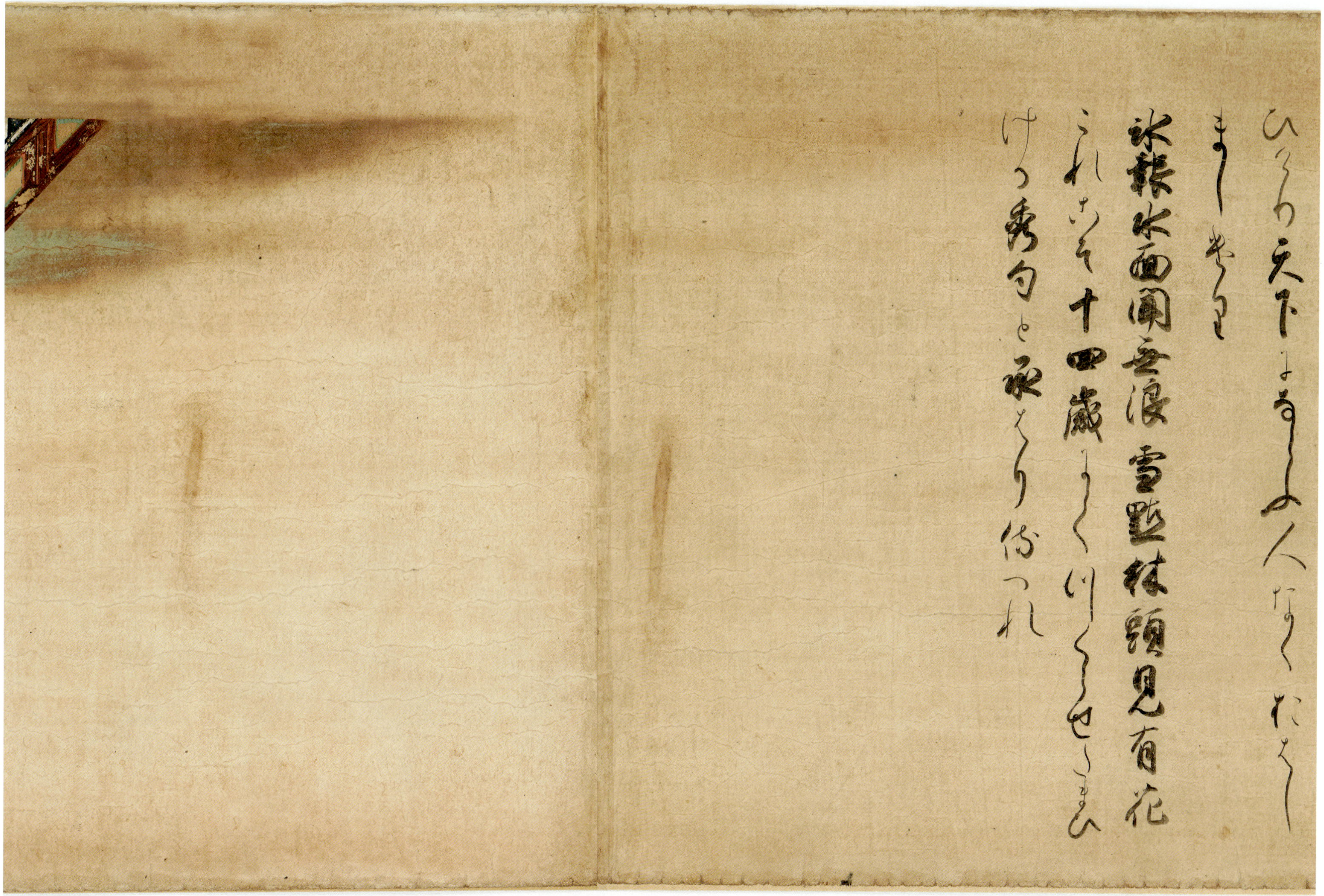
ひろく天下にきこえ人ならひなく
ましましき
氷封水面聞無浪　雪點林頭見有花
これはおさなく十四歳につくりいたしたまひ
ける秀句と承はり侍つれ

（8）

傳教大師大唐み渡りて圓頓乃
并ひ大戒川しくて穀山に戒壇を
立と第しくき諸宗ゆるさゞるに
そ大師頭戒論三巻を川くりて
弘仁天皇よゝてまつれゝは
諸宗乃うれてしもよしとす
同十三年六月十一日穀山にて三み
戒壇を遠立すさゝり宣旨くる
されみきき給をこ論者東西よあん
をもて鋒楯せうり論義燕芝大師
よみて顕揚大戒論をや
ラひくまむしの安惠和尚先師の
一言をかんしくる八巻やねりてそれ
を三原よ川くくて十方にいめのを
おほしくてみゝゝゝく菅相丞
家ま川くゝ文の序書くま
くそゝゝゝゝに相乂思食を
やゝゝ乂又八朝家八寶泉をれ脱

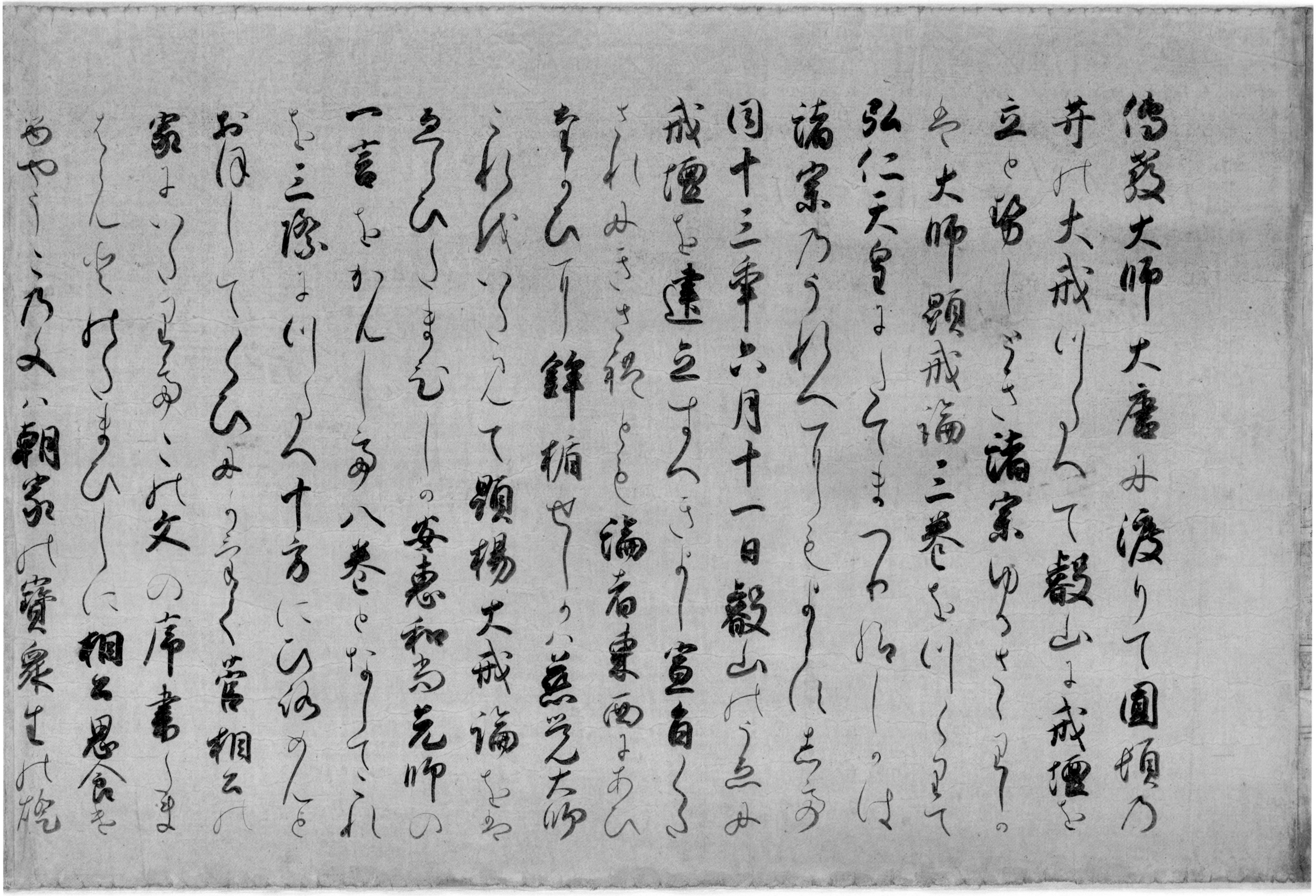

ゆやしこの文は朝家の寶衆生の抱
なかことにはこの忠臣孝子なりともこの
君まことかしこきまいらせめと思食てく
とかけけれは貞観八年十一月の事
なれは天神の御とし廿一二にて位宮も
いまたあさく文章生にてまし御座
まれともかゝる御ことはかゝる序の文に
天台宗の第一の寶にてあり人神の御
筆なれはとて今日にいたるまてめてたくさき
つきに申あひけまき所にかけ給へし
我本朝馳神真際求法道釈先請菓
者徧執律儀復研精者更得圓戒於
如前途雲復車而未歸晩進指南之必
達乃至継恨保執着自謂除非小律儀
更無大乘戒遂毀梵網宗以為沙弥宗
眩三聚教以為非僧哉悲哉知毛一分未
知其六二乃至我大師慈悲博窺三權之蕭
肩新増一實之暗粉
ことのかれ給けれはあそはれけれはめてたさ
隨喜の利益なるへし

(12)　(11)

(13)

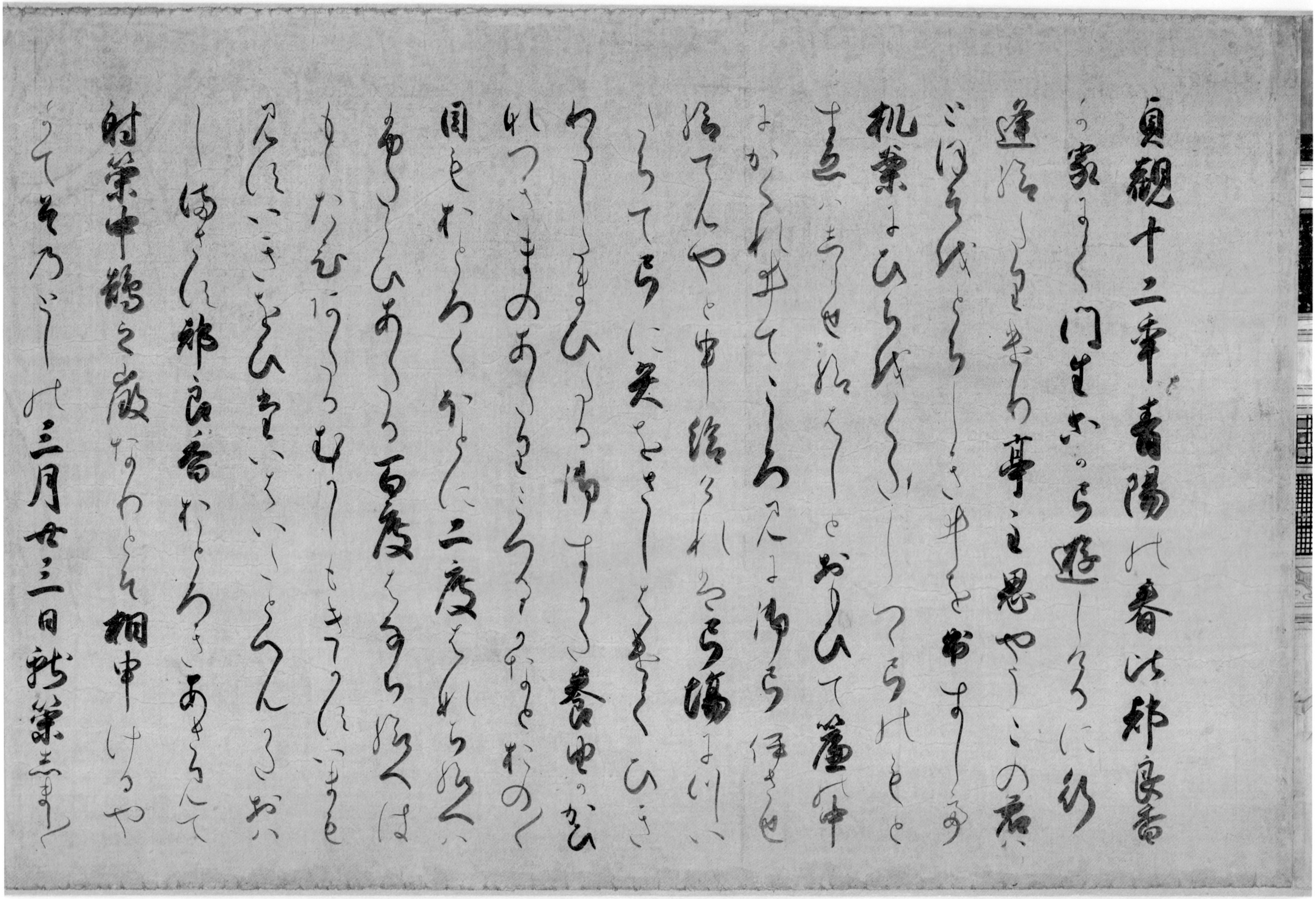

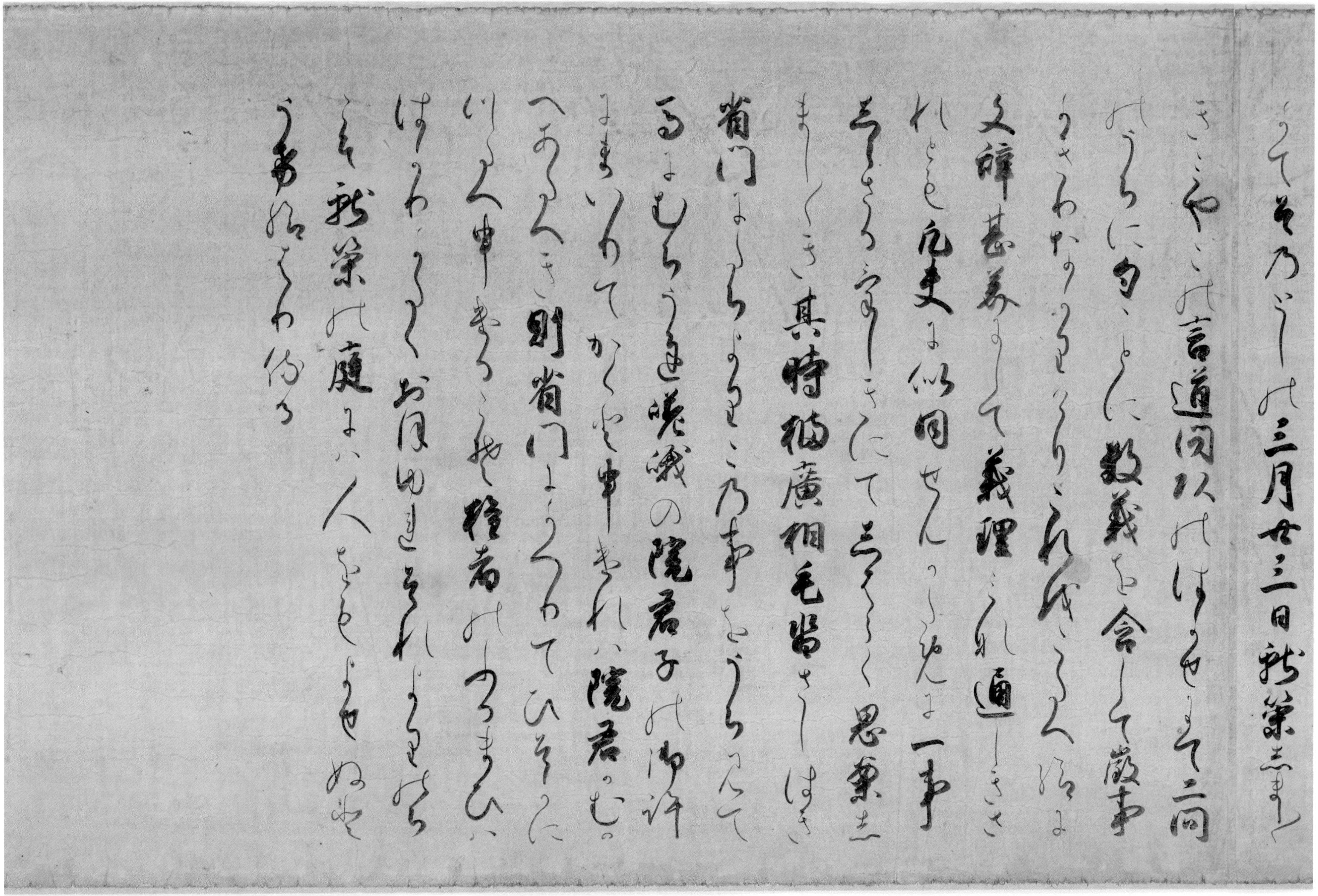

寛平六年の月、紀門徳のくだつ
さぎ職も吉祥院よりあつまりて千の
ゆゝしき怖の會侍ちやれたまちまう法
まれ庭のおりばきれいわうつゞき
きうろくそれゆ郁又まり砂金をくる
ぬれあゆきまつて堂ひ弁乃業乃上より
きそで甲くりそさきみる
と甲くらふさゝにきまみ

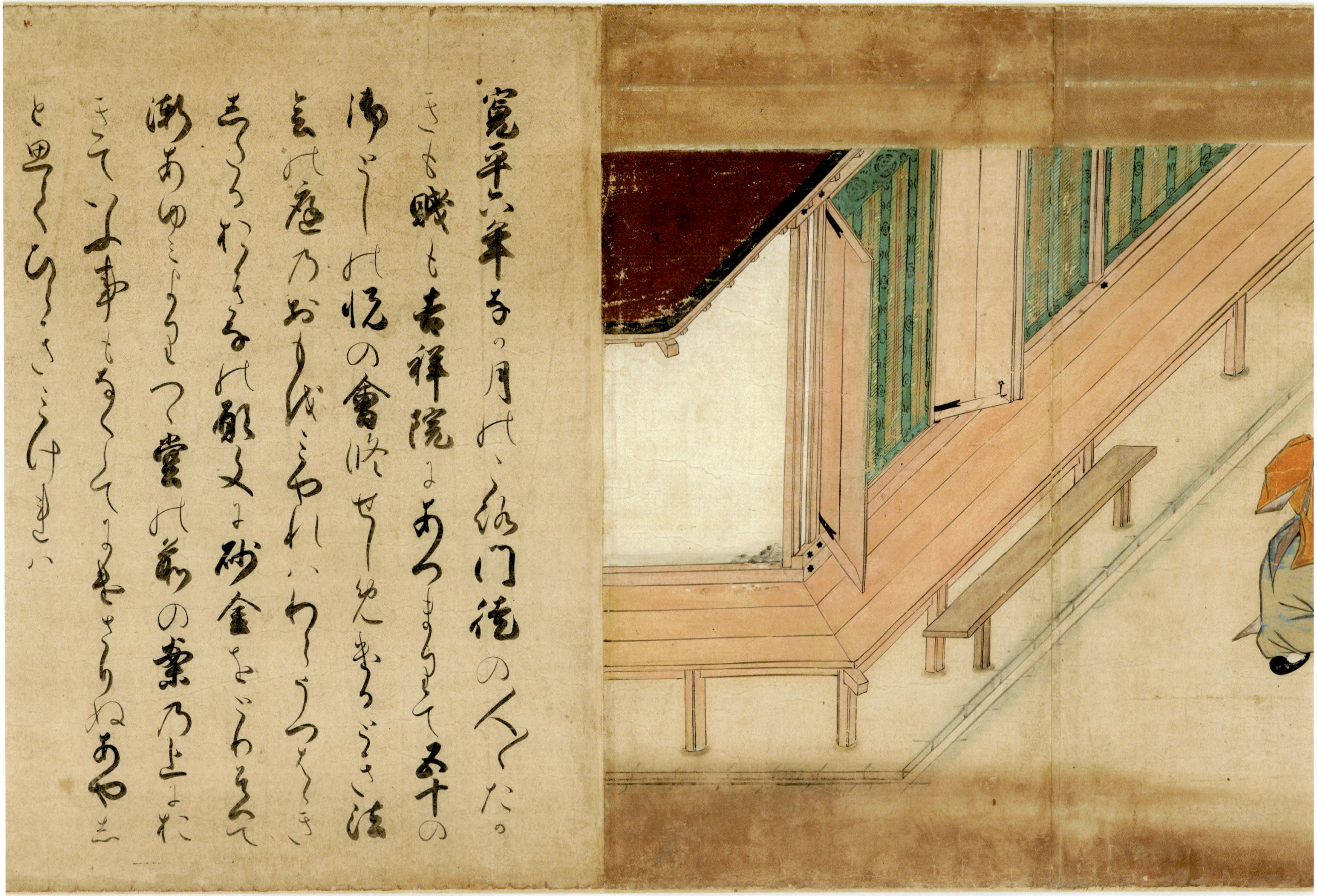

と思くひろさゝけりしハ
傳聞菅家門客共賀知命之年弟子雖
削跡人間無名世上而欲記淳教之風勇
致養蝉之過古人有言無徳不報無言不
酬深感彼義欲罷不能故福田之地捨此
沙金令以義中識之不捨沙以彩上寿之無
涯莫願去人寸求其志遠居如關之以小
遐増南向之和南
これそのこれ伝けるは其時少僧都勝延そ此を
導師にて讃歎しきこえしけなくも天子の院
すら所也あ代の勝事とそ申つたへ侍るのみ

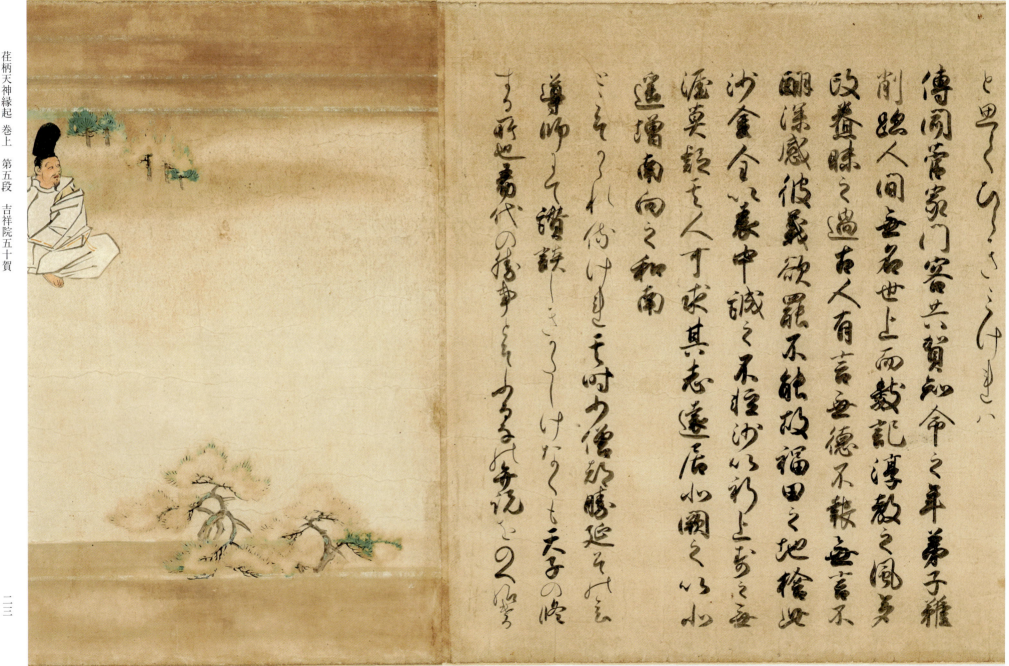

(23)　(22)

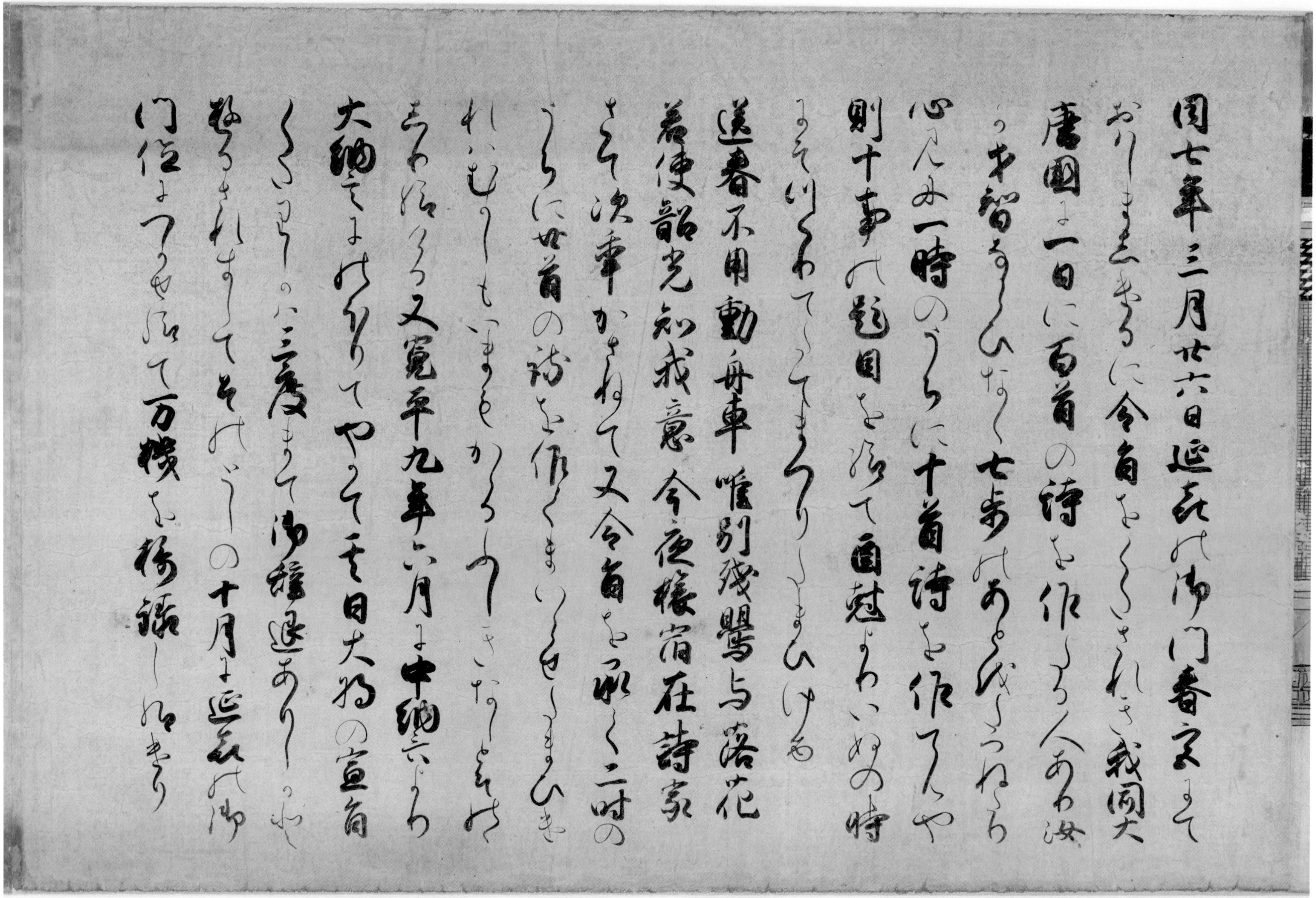
同七年三月廿六日延喜の御門春宮にて
おはしましけるに令旨をくだされて我朝大
唐国に一日に百首の詩を作る人あり汝
の才智すへからく七歩のあひたにつくらねら
心みよ一時のうちに十首の詩を作てんや
則十事の題目を給て面魁すなはちの時
みそ川くわてゝてまつりしまひける
送春不用動舟車　唯別残鶯与落花
若使韶光知我意　今夜旅宿在詩家
さて次第かさねて又今日をとりくらし二時の
うちに廿首の詩を作くまいらせしまひき
れいもしもつまるかくるめつらしきことなれは
あはれなる文寛平九年六月に中納言より
大納言にうつりてやかて同日大将の宣旨
くたりしをは三度まて御辞退ありしかとも
ゆるされまいらせてそのとしの十月に延喜の御
門位につかせ給て万機を摂籙し給ひけり

(25)　(24)

昌泰二年二月に右大臣にあから
せ給ける昌泰三年八月のころ
祖父三位家の集菅相公乃家の集
我文章廿巻をしるして天覧にそなへ
給しに叡感のあまりに詩をくたされ
給せ給ける
門風自古是儒林　今日文花皆尽金
唯詠一聯知気味　況連三代飽清吟
琢磨寒玉声々麗　裁製餘霞句々侵
更有菅家勝白様　従茲抛却匣塵深
これは延喜の御門の御製にて
侍る

荏柄天神縁起　巻上　第七段　任右大臣／第八段　椋木法皇

さて昌泰三年正月三日朱雀院に行幸
なりけるに延喜の御門寛平法皇を
いらつかせ給ひてあつめて密事ある
かたや左右大臣もとにて天下の事を
御あつかひありとなり菅丞
相は重代みなし草もなれ沼水かな
もえくく高山の風とあらき賢
とうら徳をよよよ人なれかとぞ
まゝしめられぬ
胡廣果世ょ農芝ゅ伯始殷仼二相黄
憂半醫ょ瀕子せ殊度著動重師
うら故よ法皇と御門との御前まる
参下すく天下はろうと一人して
いきゝく天をなめと作くくされぬこの
事を菅丞相のちうらに禅退り給き

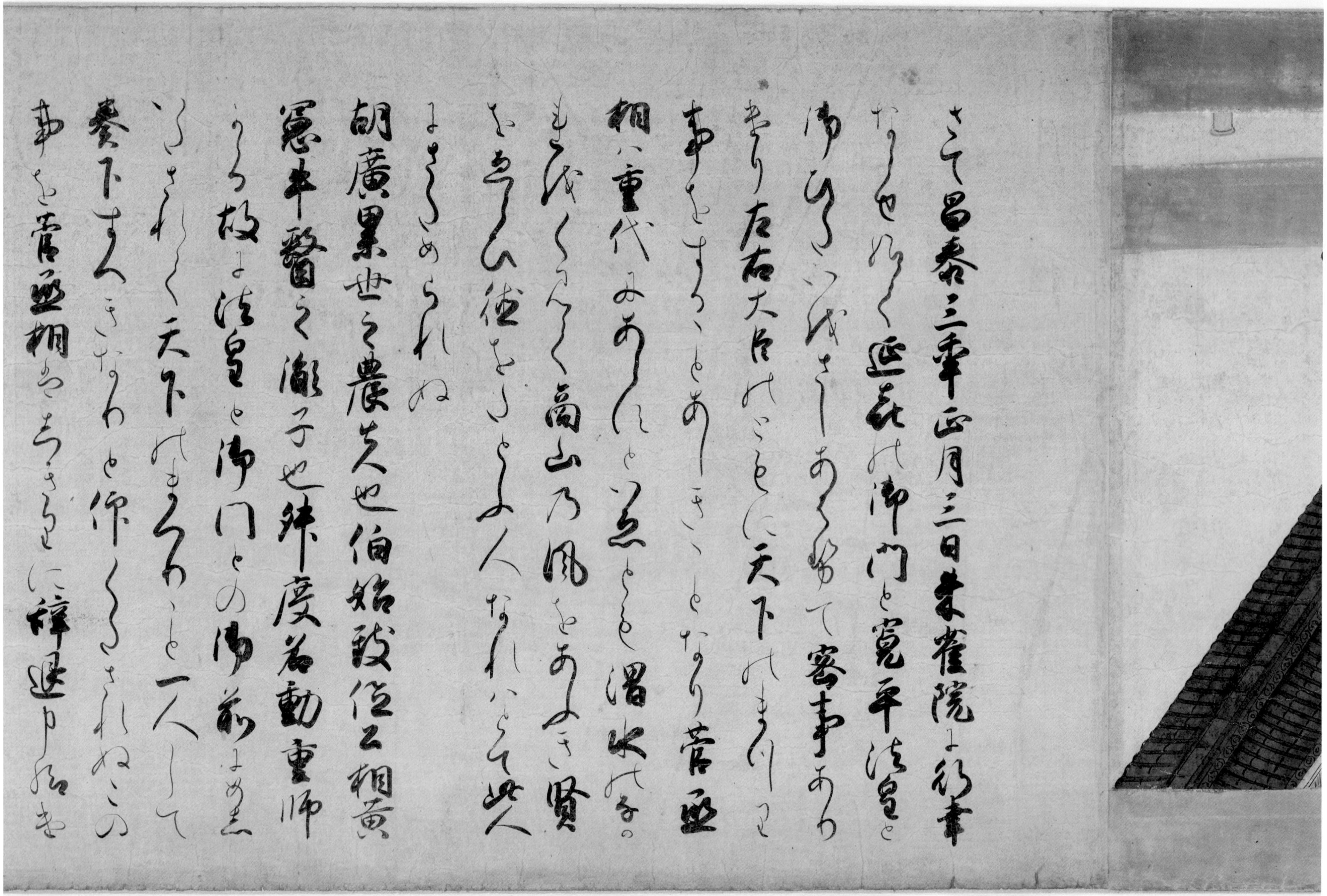

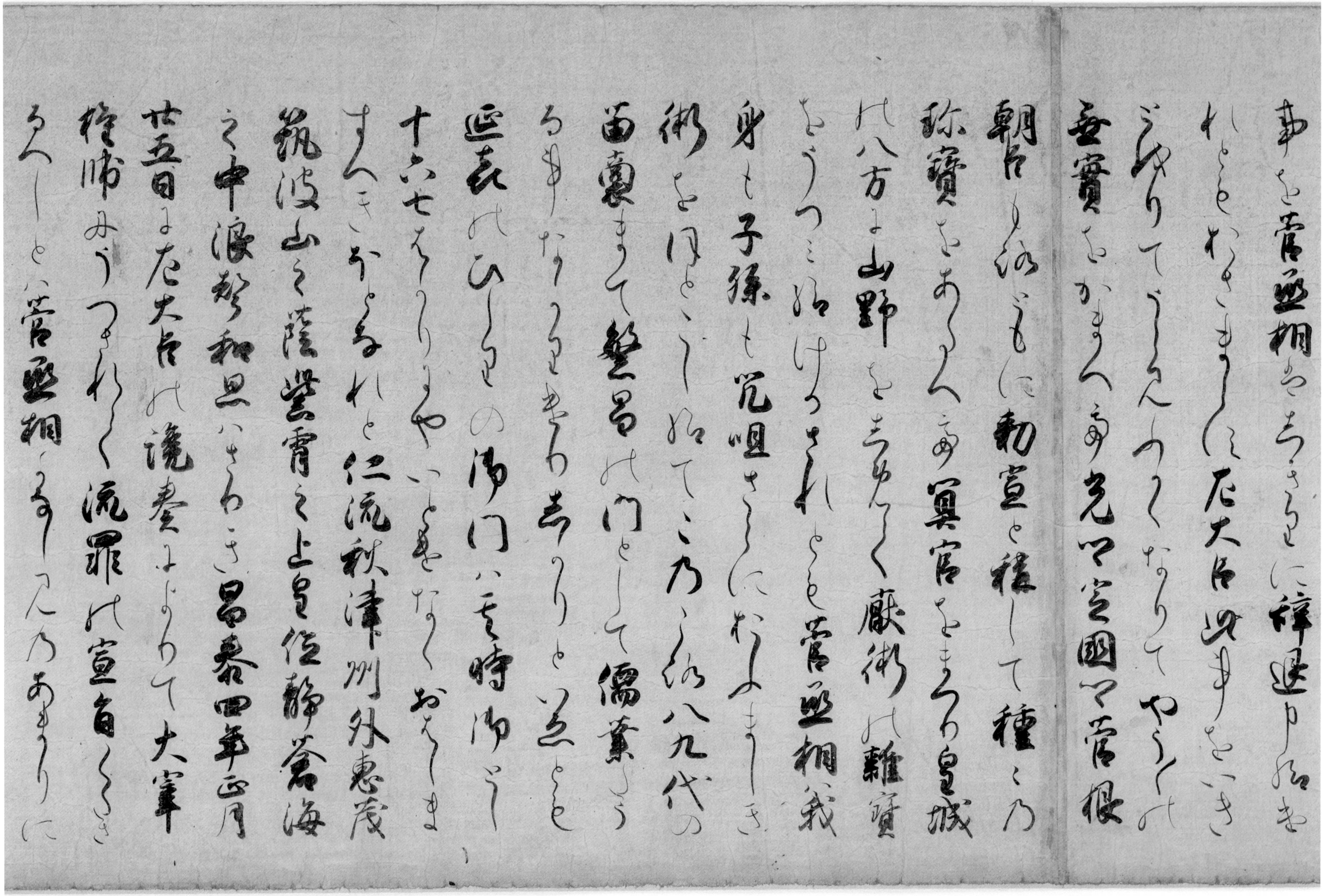

ゐんしとハ菅丞相にてすへ人乃あまりに
おもくして三十一字を連て亭子の法
皇にそへまゐらせ給ける
なかれゆく我ハみくつとなりぬとも
君しからみとなりてとゝめよ
法皇此哥を御らんしてすへてんの
おもわに法すゝにむせひ給さりと
も御門も我法子なれは申さんよなかの
かなはさらんと思食つゝ十善の法足み
きはしなすさ泥をつゝけきく上西門を
さし入て清涼殿よりうつきもりくて
かくまいわらしのしたにせられしやまとを
もちはすわねぬきやうくさんとぬこまて
むかし殿上の庚申の夜乃法あそひよ
りしをうれしまいせしうらうへよつて
て奏申給ハされしかハよのなかのさ
なくうしめしく思食て大庭のむくの木
またちやすひらまえく夕日山のハみ
うぬさ首ろにもくれつて還御なり
しそあくれけまとあさましく哀也

荏柄天神縁起　巻上　第九段　紅梅別離

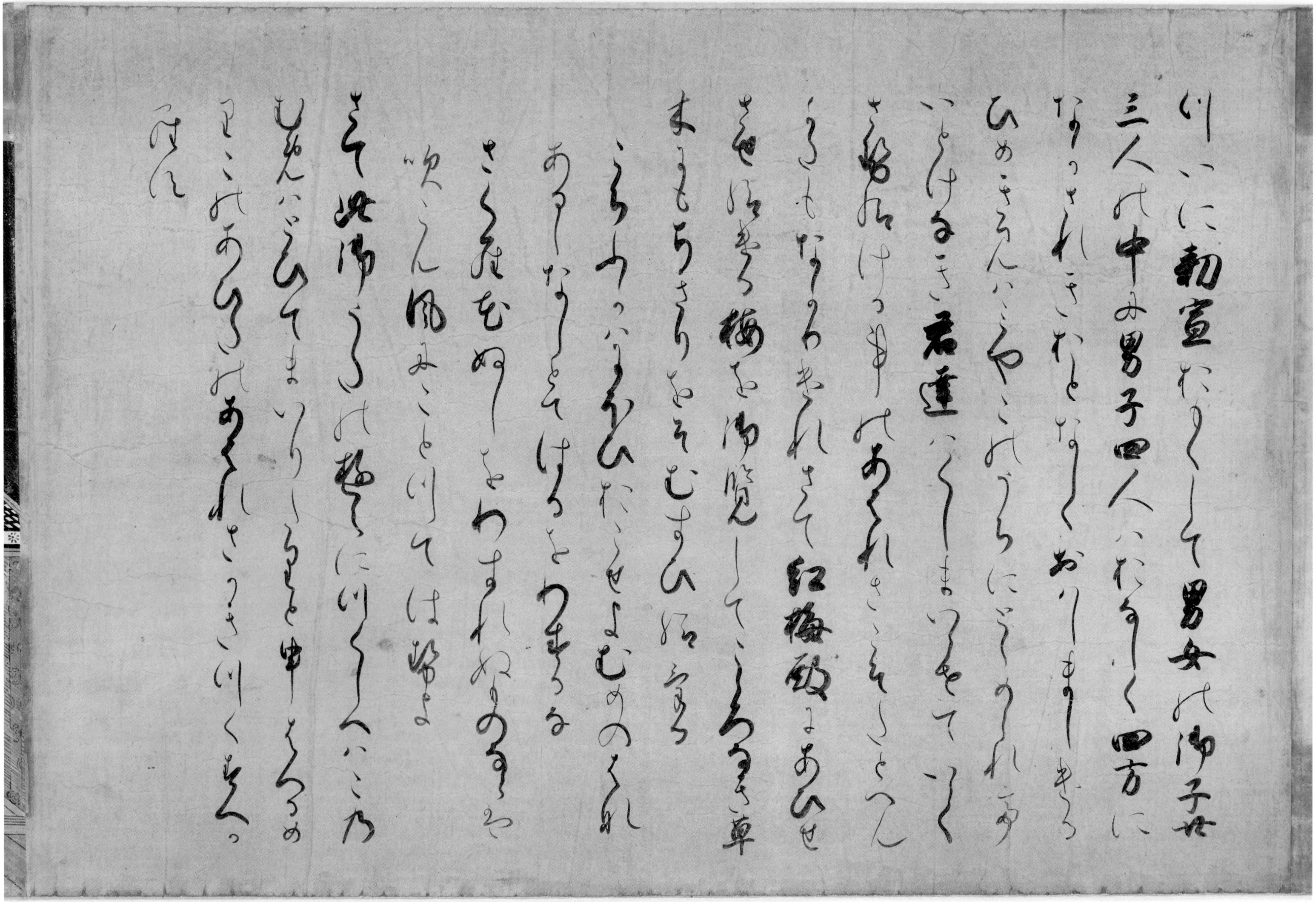
つゐに勅宣ありくして男女の御子たち
三人の中の男子四人ハむなしく四方に
なかされたまひぬおほしまゐらせ
ひめきみたちハやこのうちにのこりゐ
いとけなき君達ハくしまゐらせてしく
さながらけふのうちにあかれさせたまへ
ふるもなかのわかれさせたまふこそ
さゐ御らんする梅を御覧して紅梅殿にあひせ
まらもちさりおそむすひ御ことく草
こちふかはにほひおこせよむめの花
あるしなしとてはるをわするな
さくらをむすめしとわすれぬものかたるそ
喚こん風みことこ川てはゆまよ
さて此御うたのち梅ハこのしなしハこの
もぬんハいてまつりしるしを申さるめ
ふここのあつかれこのあきさつきていくまん
なれ

（37）

おもなりしく是非顕はれくのあ
らしに用のさゆして邪をいて給
月日をすくれともけふるまをけれはゆめ
みえぬあなしいてしくなきれしくをあ
さへしく罪業はのうきみは懺悔して極楽
にまいりむとおもへともやすからぬなかりむ
むねのみこかれてすゝろにいりは思食て
州く旅をやつろ廿八韻の詩をつくり給
なかうにもいひまらぬ所々申候へし

自従勅使駈将去　父子一時五處離
口不能言眼中血　俯仰天神与地祇
東行西行雲眇々　二月三月日遅々
重関警固知聞断　単寝辛酸夢見稀
山河邈矣随行隔　風景黯然在路移
平到謫所誰与食　生及秋風定無衣
古之三友一生楽　今之三友一生悲

みちのほど遠くなかめやられは御心かきくらし
おほしてさらはゐるくさしてまうとせ給ける
御哥をよませてあそはされは何れみや
こよひは此御哥をよませ給ひて紅のなみたを
なかき路は物思ひをまさるとにつのるわ
御手をおほしける

君かすむやとの梢をゆく／＼と
かくるゝまてにかへりみしはや

あさてさまれかうへまうるまかわのこさゝくも
れはいつくゝあをふまおひゆくる

我為遷客汝来賓　共是蕭々旅漂身
欹枕思量帰去日　我知何歳汝明春

又御心のうちにおほしめしける

離家三四月落涙百千行萬事皆如
夢時々仰彼蒼

此詩をは御心のうちにみえたまはく

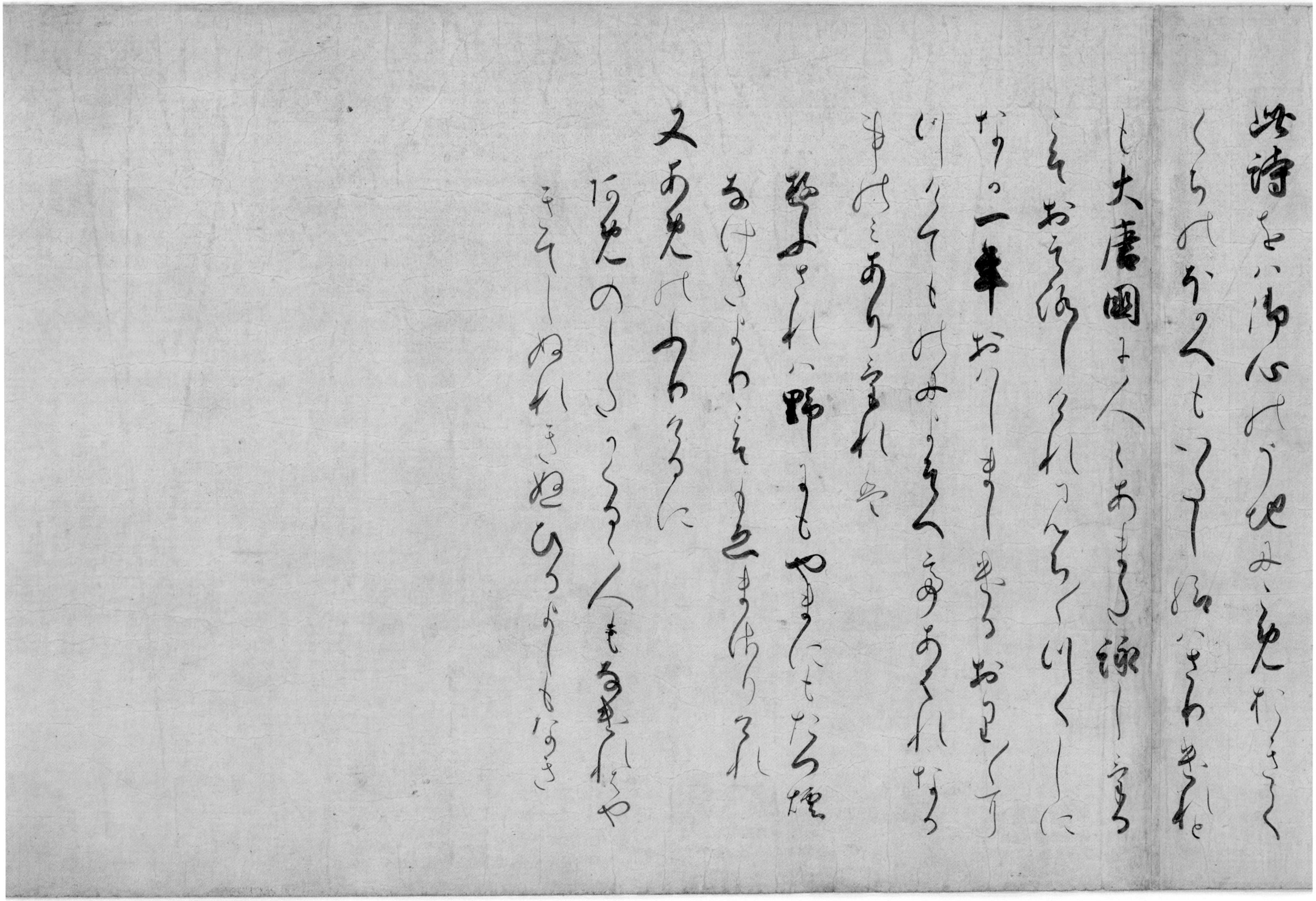

(43)

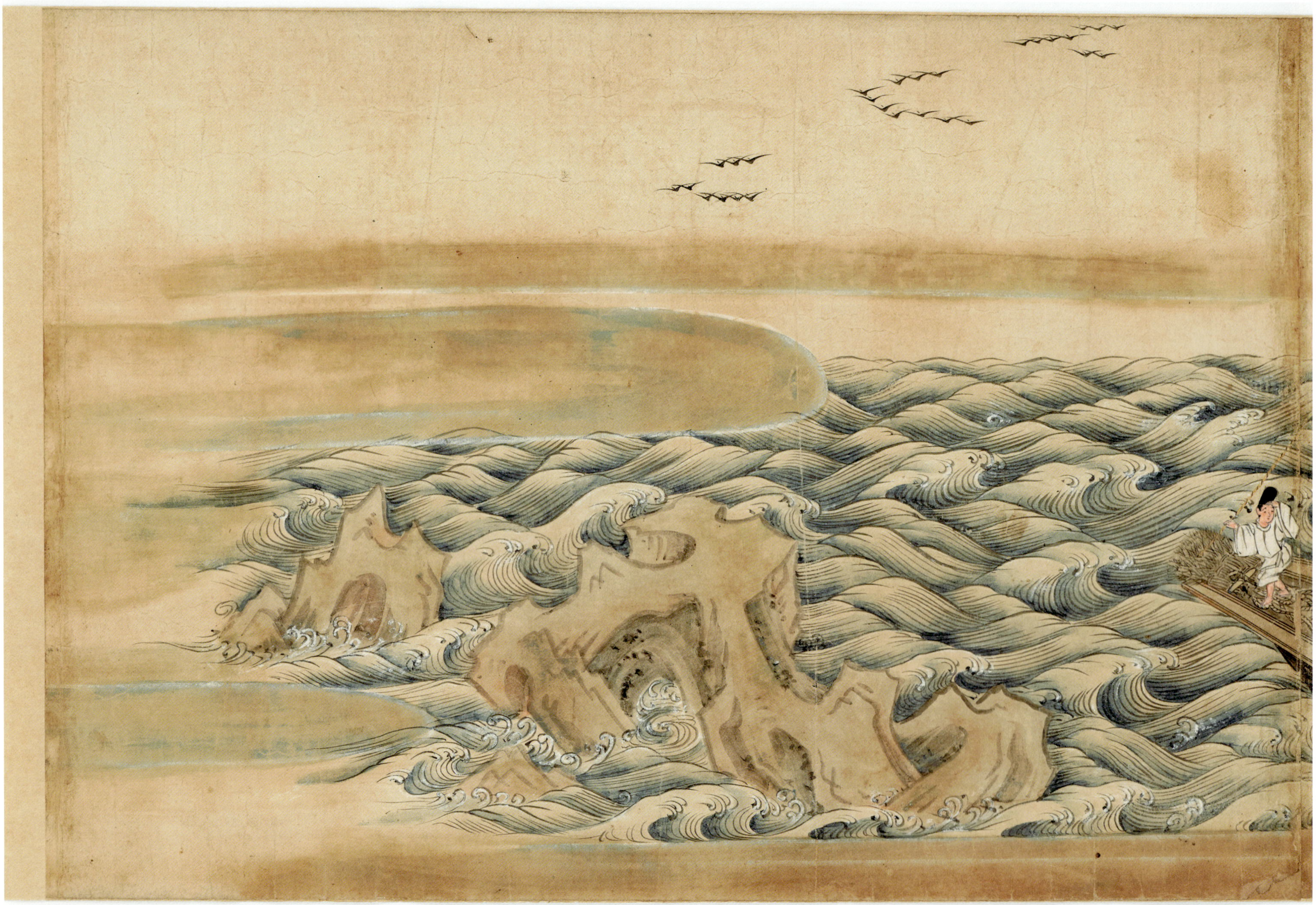

# 荏柄天神縁起

## 巻中

荏柄天神縁起　巻中　表紙見返

菅昌泰三年子の月廿十日宴女正三位乃

右大臣殿大ぬまて菜花いさくよもにひらき

～り叡感いこれをおりくくらさそ乃

九日に婦朝そう

君冨春秋呂漸売恩重漲岸報行遊

にれくもをねくるまよ叡感いやまわに衣や

ゆきてそかうまやにうらし此侍衣を川くまて

拝て郡のくらんよ侍んいちまら次年九

あくれりいおはゆま

月十日えれ今日思食出て川くをせ侍んそ

去年今夜侍清凉秋思詩篇独断腸

恩賜御衣今至興捧持毎日拝餘香

はちに菅家い御草心もおうつくさに

あしくら鳴とらハ中何あら

都府楼纔看瓦色観音寺只聴鐘声

ごよ詩をば白居易遺愛寺鐘欹枕聴

岡香炉峰雪撥簾看者とよ詠よはまりた

ひと傳士らち八中何あら

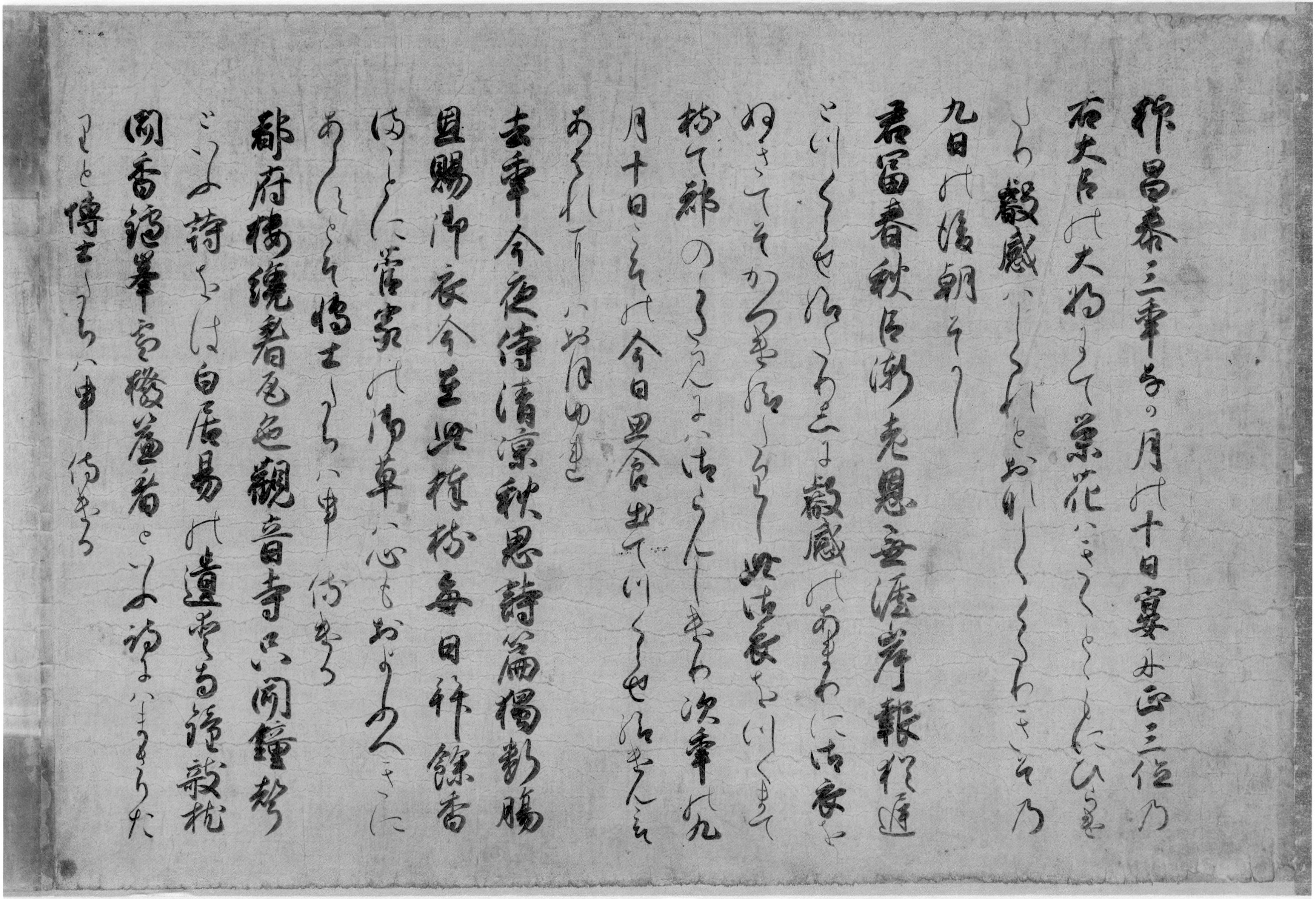

（3）　（2）

（4）

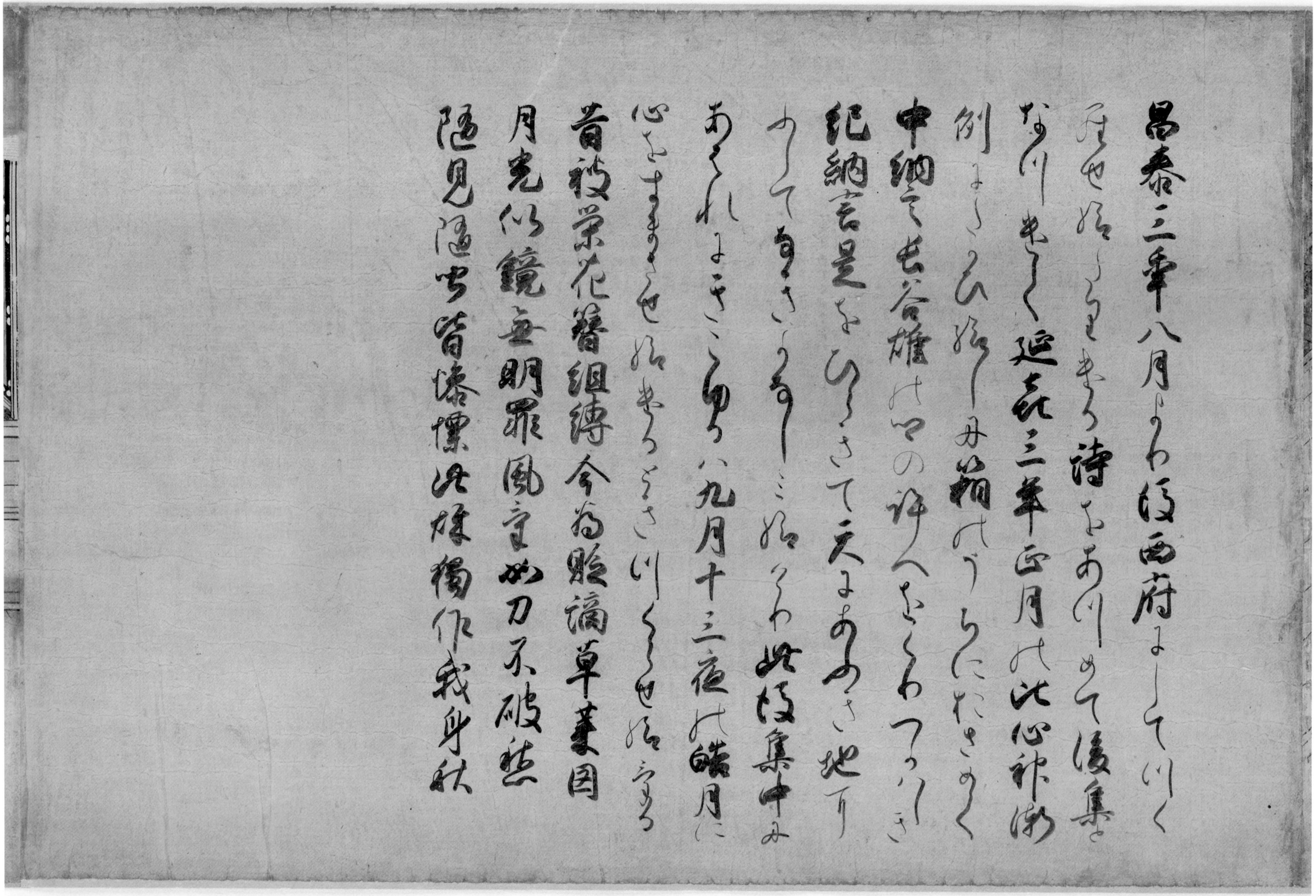

昌泰三年八月よりわ比西府よりて川く
色よ比もり詩をあり比て後集を
なし川もく延喜三年四月此心神の
例よく丹箱つらにたをく
中納言谷雄けゝの許へたてつゝき
紀納言是をひゝさて天よあさ地の
かくて三きふゝ三ねゝ此後集中み
あそれよさ三ゝ九月十三夜比暁月に
首秋栄花蕃組縛　今為眺適草蓂因
月光似鏡無明飛　風声如刀不破竹
隔見隔聞皆漂漂　比様独作我身秋

護西でおりまちあるしゆ
万に川ゐるさうれれ家を川く
ほく高山てりけりて七ケ日の祈
天道みつくみき祇もうふ業
文勅きれけり
みきり上梵天もうるもそてわむ
をもちおけしく釋迦菩薩八流劫に應ひ
佛代ゆもうく七日七夜ふれゆひ

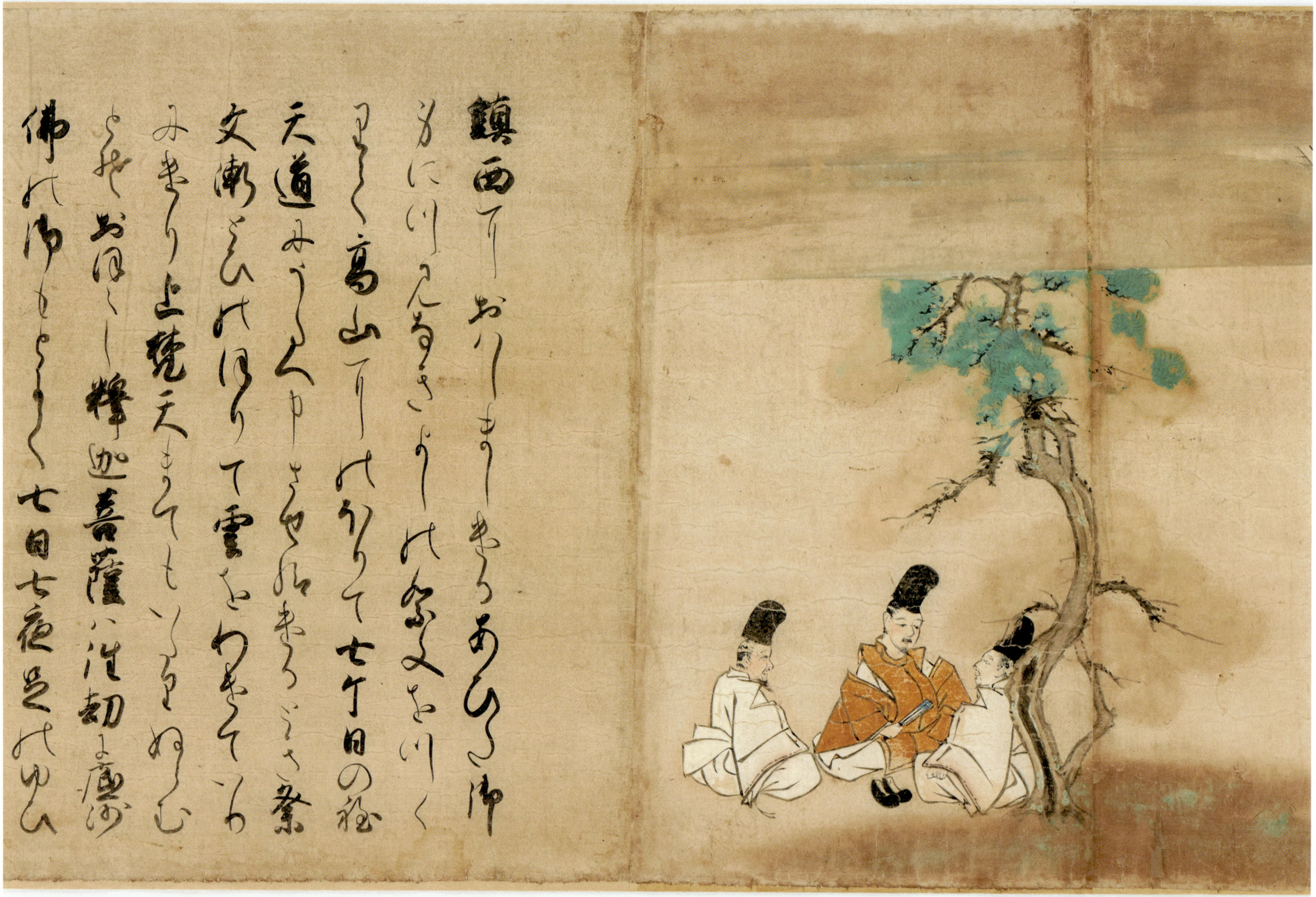

佛の御もとにして七日七夜足のゆひ
をつまたてゝ
天地此界多聞室遊宮天處十方無丈
夫牛王大沙門尋地山林遍無等と讃
歎せしかは九劫をこえて弥勒にさきたち
て佛になりたまひしそのかみ菩薩相は現
身にて七日七夜蒼天に仰て身をくる
き心をつくしてあまたたびのべし天満
大自在天神とそなりたまひける延喜
三年癸亥二月に紀十二縁にやとされ
しる五信のすゝはすてゝはしめ
給ける昔釋尊入滅の二月十五日なる
しるしは五十二類ちのなみたをなかしき
今宰府の二月廿五日の別には六十余州
身の毛ゝいよたちけれ十号の世尊も
非滅現滅には闍維の煙にむせひたまふ
れいはたきにんまいりせんすさきさためる



（8）

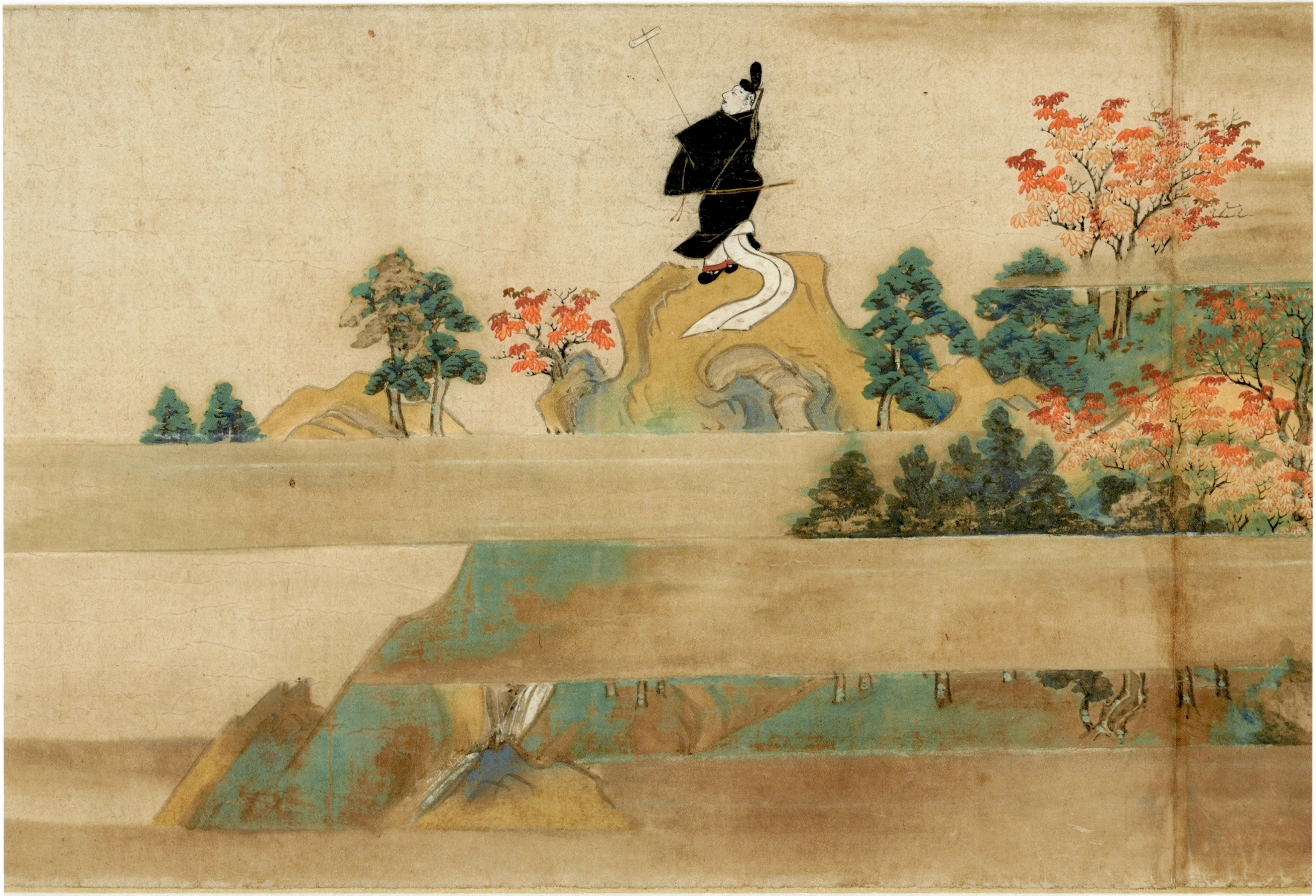

さて筑前国四堂いかとらへ御墓所
を記してたひきものまいらんと云
御車のゝ路中よりゆりておち
させ給ひとゝめて御墓所ときさめ
て今の安楽寺と申也菅丞相の墓
御い一天ふ雨れふく四海も浪乃
おそろしなり

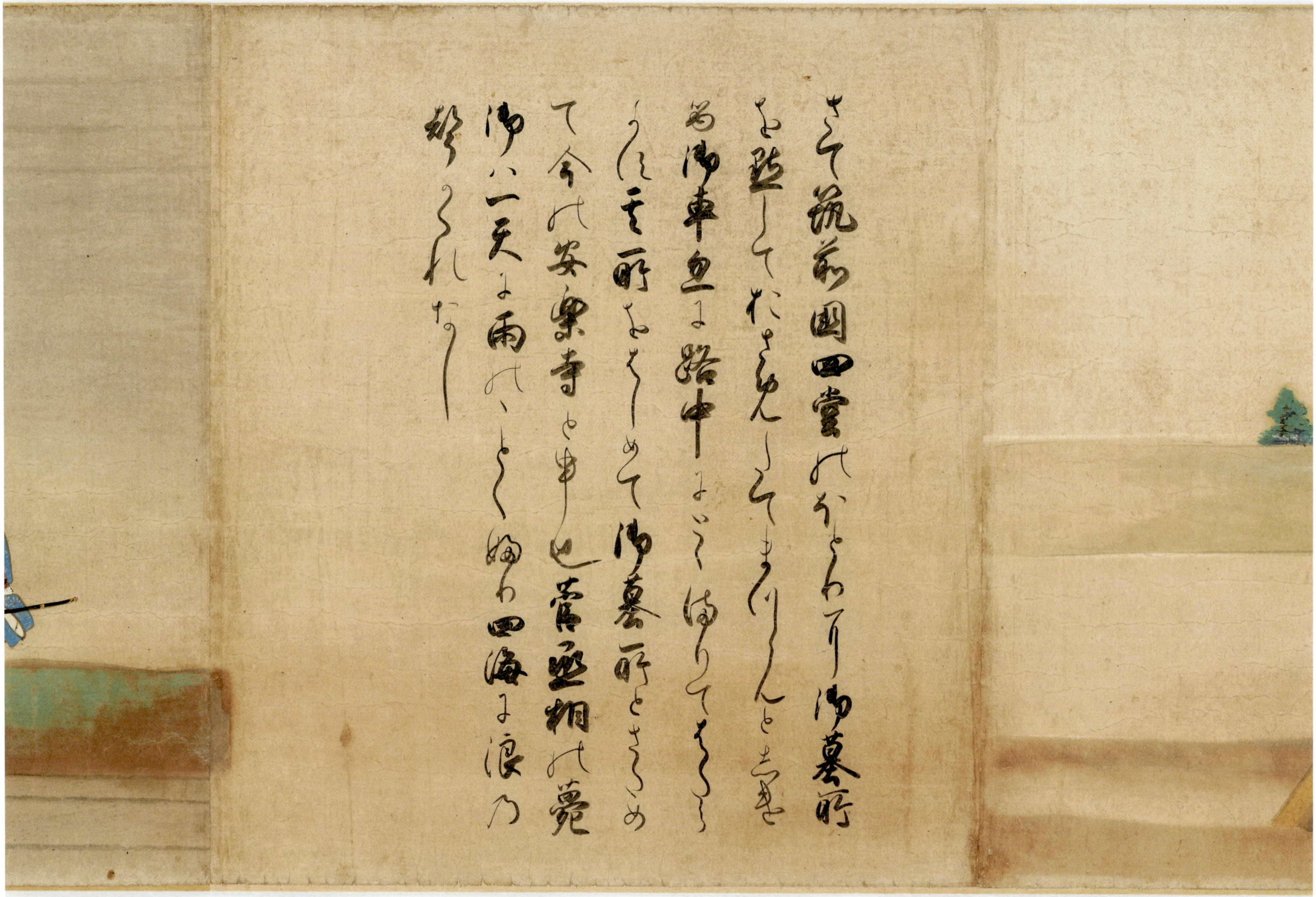

(13)

(13)

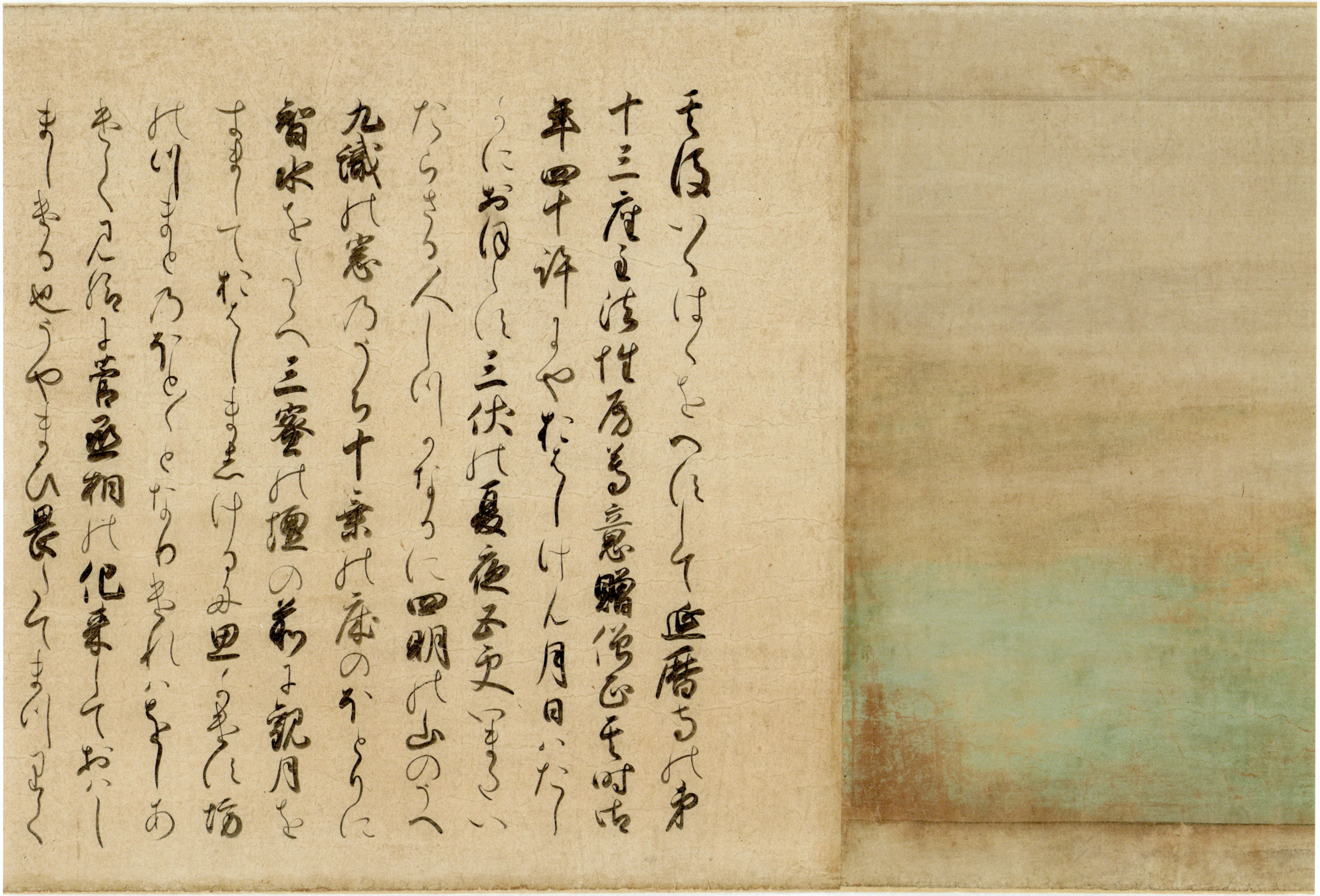

千度しはくをつくして延暦寺の第
十三座主法性房尊意贈僧正は
年四十許にやなりにけん月日ハたて
うにおほえし三伏の夏夜更ていたく
ならさる人しれぬなかに四明の山のうへ
九識の窓のうちに十乗の床のかたはらに
智水をたたへ三密の理の前に観月を
すまして打しまきけるに思ひまへ坊
の川まとのかとをたたきけれハあ
きくみれハ菅丞相の化来しておハし
ましけるせうやまひ畏りてまいりけり

ましまさむやうやまひ畏してまいりたらく
持佛堂へいれまいらせてあるし宣れは菅
丞相おほせられけるは我は梵天帝尺
のゆるされを蒙り神祇のはからひを
あるまし花乃京にみいりつゝ龍顔に
ちかつきたてまつるものゝあたをも報せ
んとおもふみ禅室のちからにて法験をも
かうふらしおほしめすへからす宣旨ありと
いふともあるへしからすと申させ給はあ
らくのうち率土は師壇のちからはこれみ
ありとおほせられけるに法性房申させ
給けるは師檀のむつひは一世のちきりに
あらぬそ眼をぬくともなりとものゝかはりん佗
天下は皆王土也此地にすまんものいかて宣旨
三度にいたらはいかと申させ給へしと御
意またしくしも給くはやのゝとのゝかの
せ給らんとてすゝめまいらせられける柘
榴をとりまゐらせはさうけてそ吐き給
ふ此柘榴火となりてとりまゐらせは

よそれ柘榴ケもみあうりて川をこえは
もえつきわまれハ晴僧をほいれるを
続くくもうれわまれもそれ火八きとみ
なりこれもらろつまえて ゆる事
あよありせハと云れ不里係也

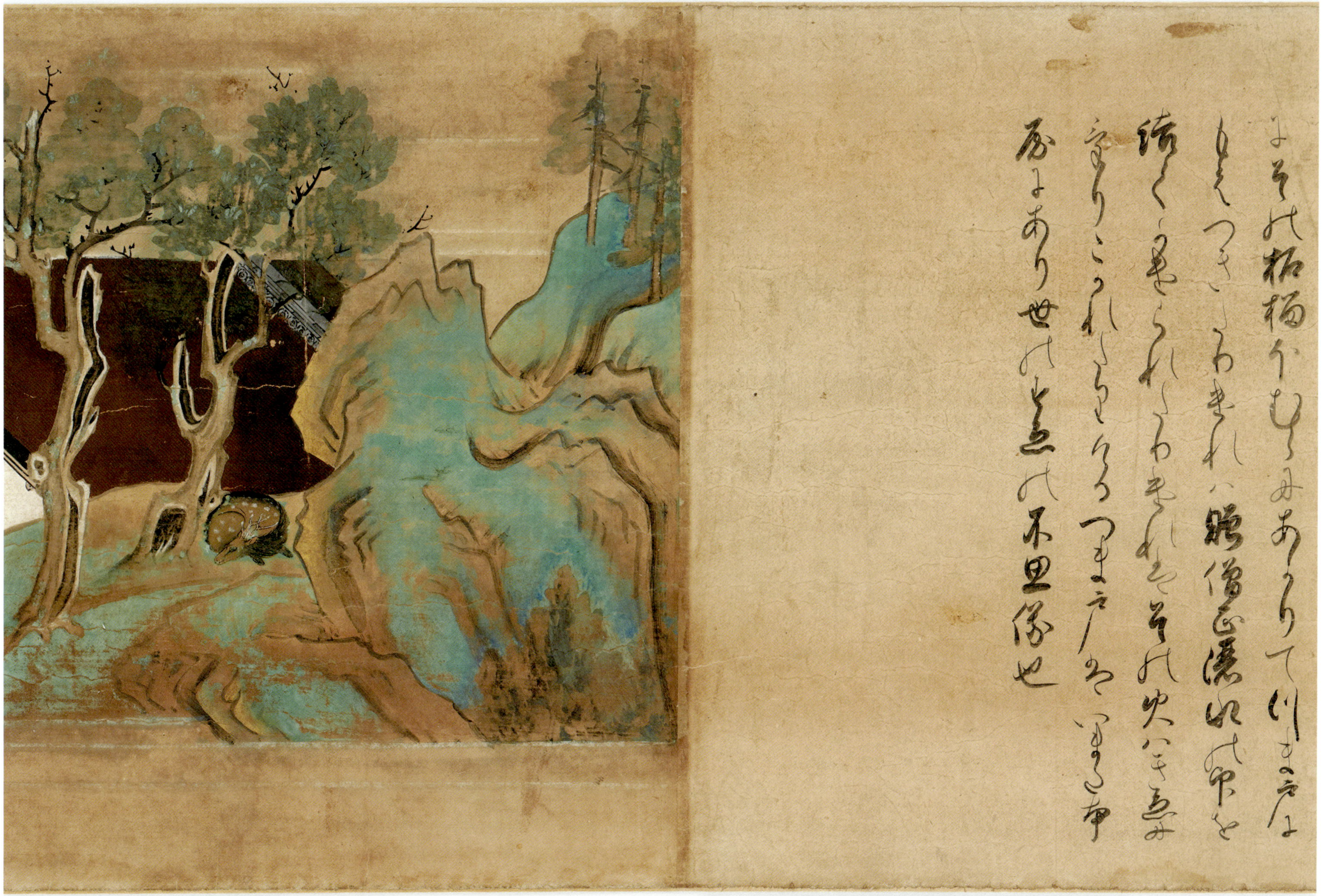

(17)

その時雲霧たちて雷電きびしくて世中それそれとゆるがしていろいろにおそれぬ人もなくくもてさみたひまわ清凉殿はしらに車寄のかたへつかきてぬきてて朝よつくろしも

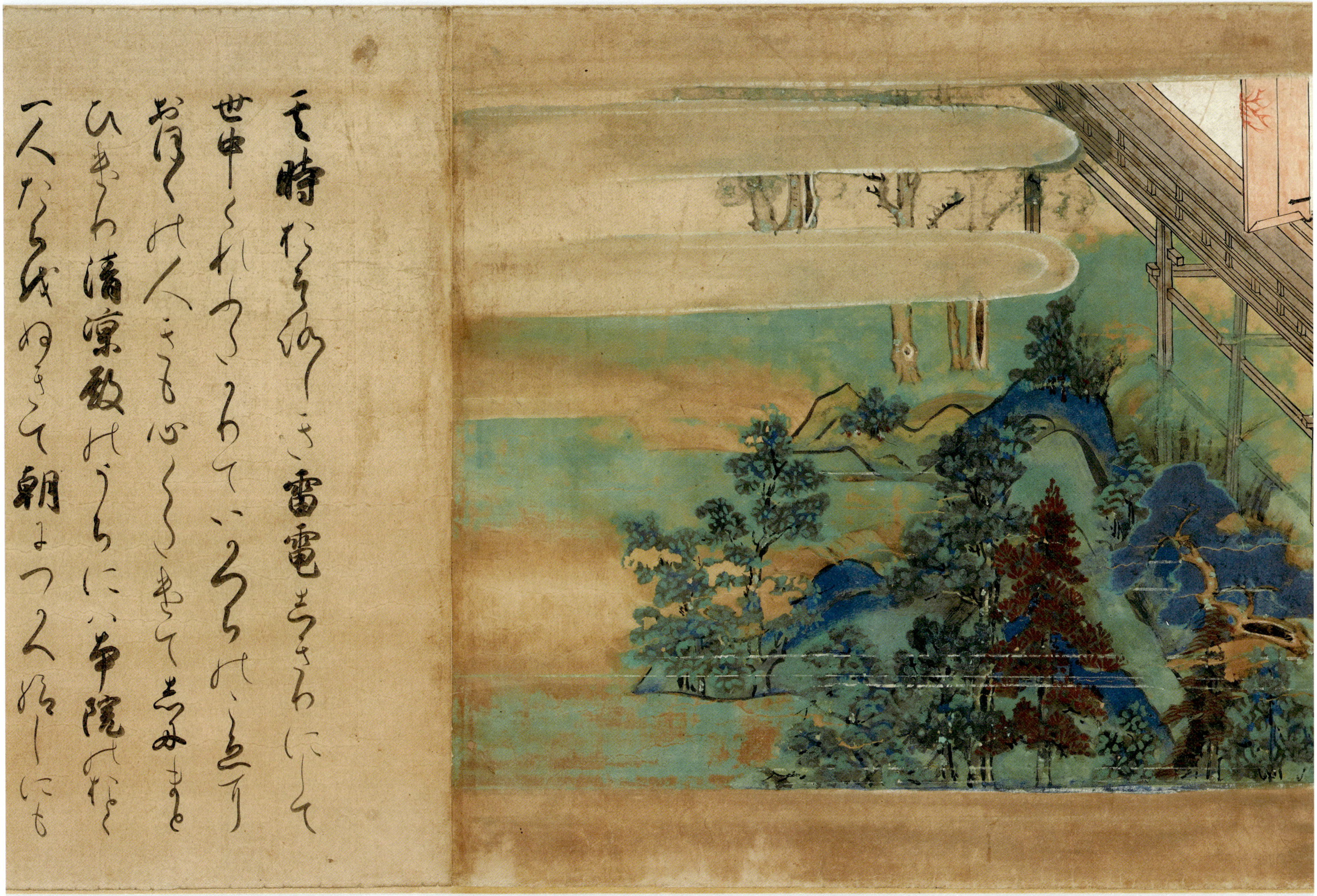

一人たちて朝まつ人ならしにも
我次はきたつ共、今神さやわる
たる共、我母所をたつて思ひくに
やきすくにそつるひまりそを
まちんてそさらんらし

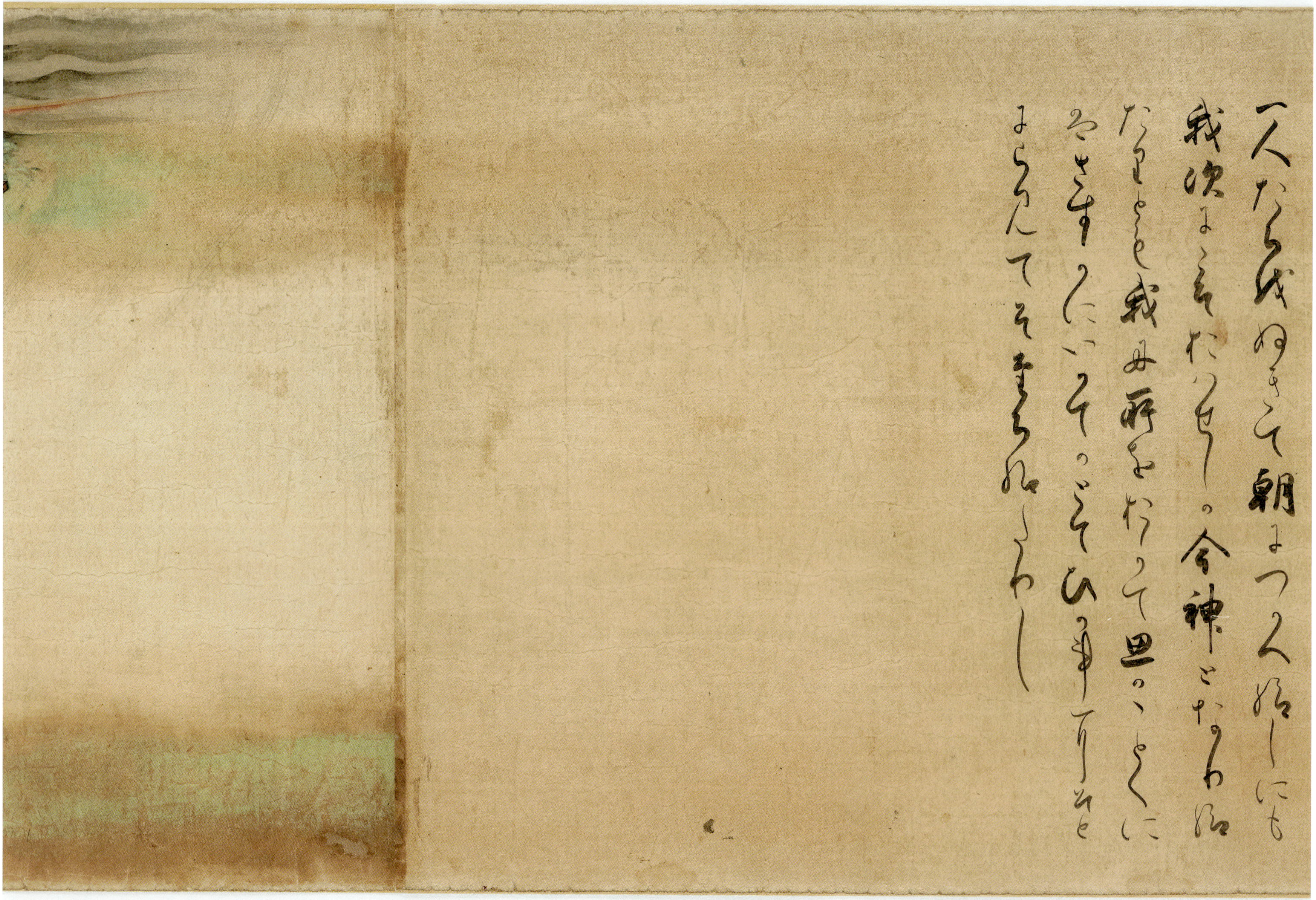

(20)

(20)

そ御門むなれさわさて清性房れ
贈僧正れもよく宣旨三度まてされ
しの僧正参り給き鴨河の洪水やら
ゐさて陸地よたるもぬさきかり給
そ性路も目出く皇威もなすたのし
くし

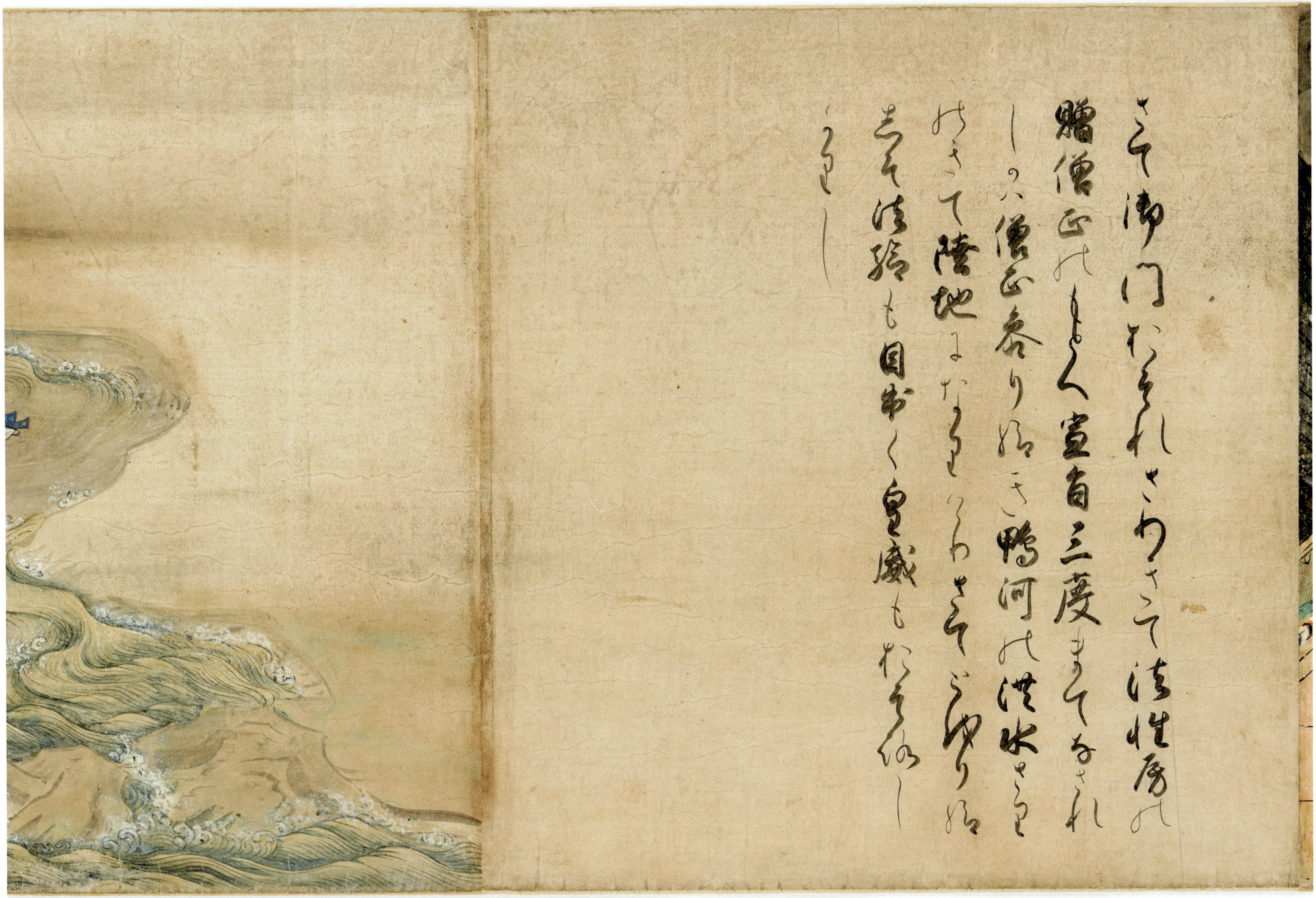

(23)

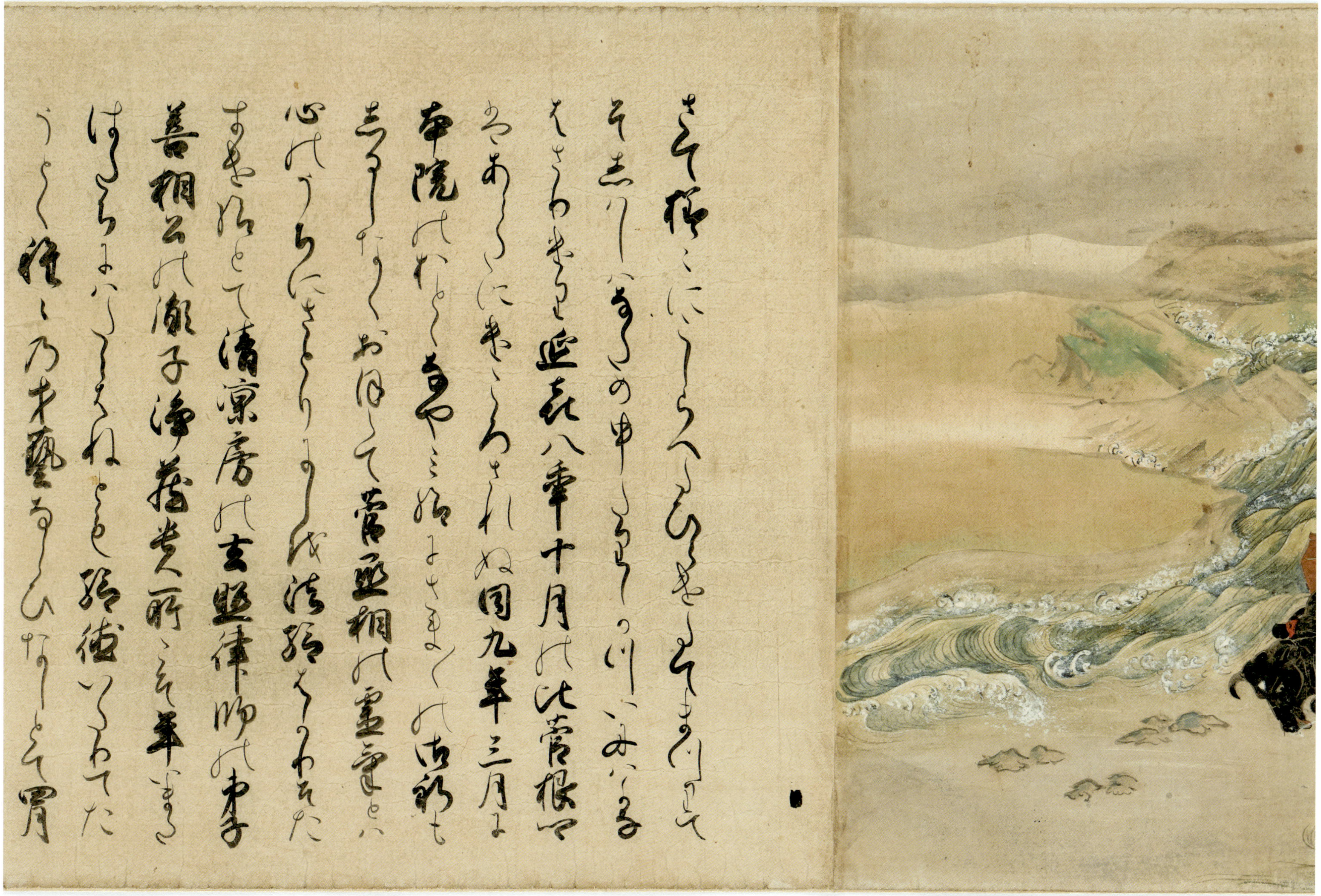

うらみ給ゝ乃本意あらはしひなりとて胃
四日積しのやまひ給ふくハみるみせしまゐらひわ
三日午刻ハかりに善相公このひよまいわ
給はりけれはたゝしくは左右の耳より青き
くちなはのかしらをさしいだして善相公にいは
くていひけるやう我申文を以くわて焼て
帝尺に申うくにしたかひて怨敵を
かへりやすからはりをかなしくは汝の子の
浄蔵我を降伏せんとはせつかされはをと
くちなはをさへ給へとは善相公たれ
しさのいさかしこまりて浄蔵よ川きさく
やそれまかりて時平候はたゝちにやそ薨
給ぬ又御女の女御の孫の東宮も又一男八
条大将保忠三男敦忠中納言つれもくれ
こらはらせ給ひぬまかり右大臣顕忠はこれそ二
位の大臣まておはせ給ひしれそれは菅丞相
の御事をおそれ給て大臣となりてまて
おしきの声をきゝ給ひも皆ありきにハ前をおはたて
くしくはにゐりよ給はれて書夜に菅丞
相を祈念しまいらせてそたもちまつる此家の人

相を祈念しまいらせてたしかなる此家の人
なれとも仏道にいりける君達のこと僧都法印
僧正にもなりたまひけり三井寺の心誉興福寺の扶
公石蔵の文慶也此御すゑのみそのこれる
と敦忠の三男兵衛佐佐理一家の有様を
おもひつらねて世中あちきなしとて出家入道
して[illegible]ることそかしこくは覚えれ

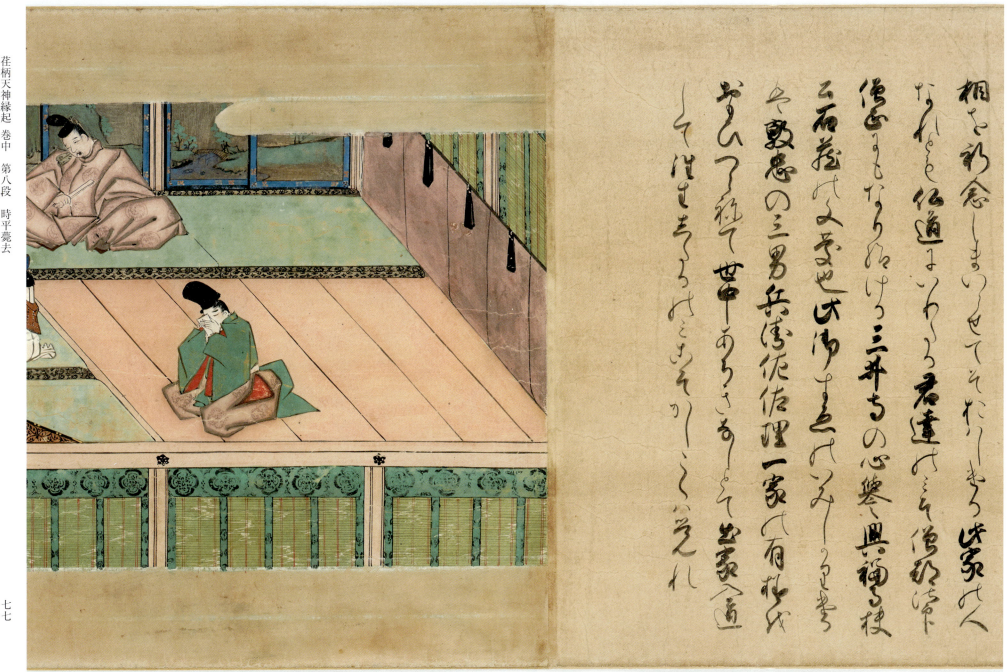

小松天皇の御孫延喜の帝門は伴と
こゝに右大弁公忠を申人おはしまち
延喜廿三年卯月此頃死してあり三
日と申よりうちに家にかへりきて
川ありて云々我さくて四妻へきい
そしと申これを聞く人地ように
みと申あはれにもとこ此詞れ
そかりてあれもとにそれとも
明信孝二人よゝひうとくて四里へ
まりてこれよりせ参申おはれは延喜
けけ門はろくさわさて出向ひに参
して芙魔王子まいりて門の前もて
申あやうくかたへ行れ公忠頃死
三々御はなあまりなる人かたにや
みくもしはきんてき四くもん
妻帯うゝくて平ま金人又くもん
申すを平まきへ動しての延喜乃
門もつきをもをやすくと桜々に

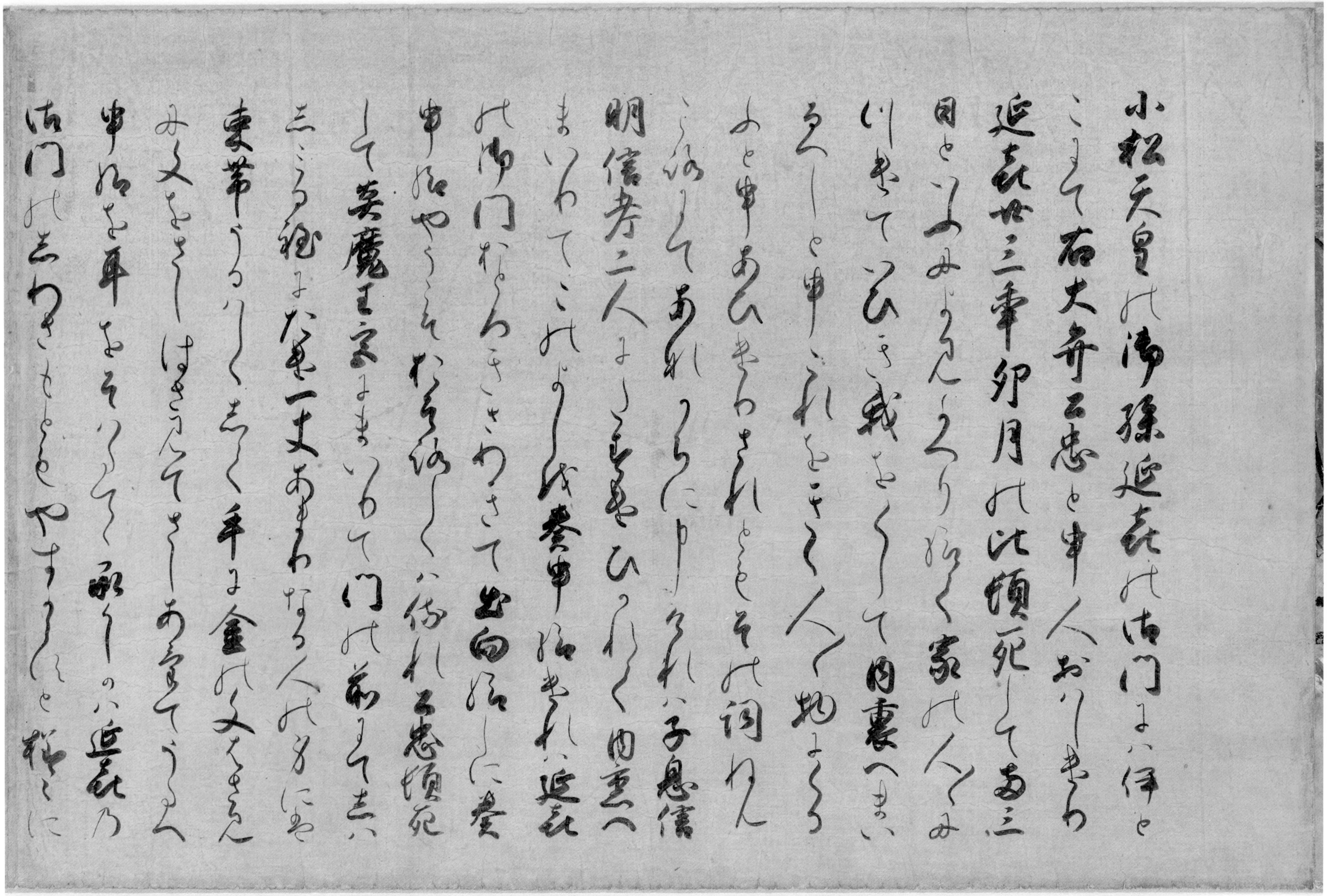

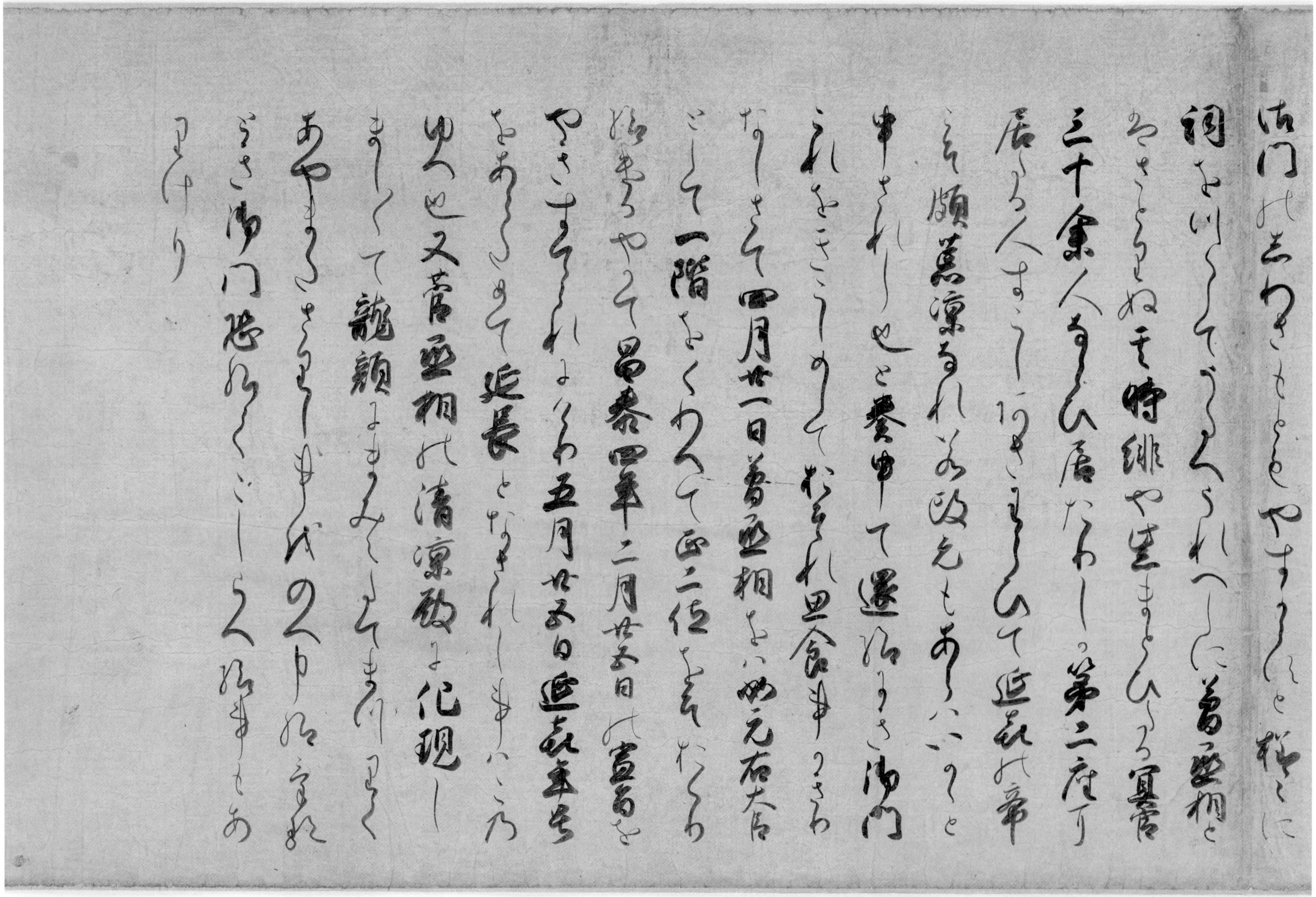

延長八年六月廿六日ニ清涼殿ニひ川し
さるニ俄ニ上ミ雷火そ□□く大納言
清貫のつのえニきぬニ火川ラそて

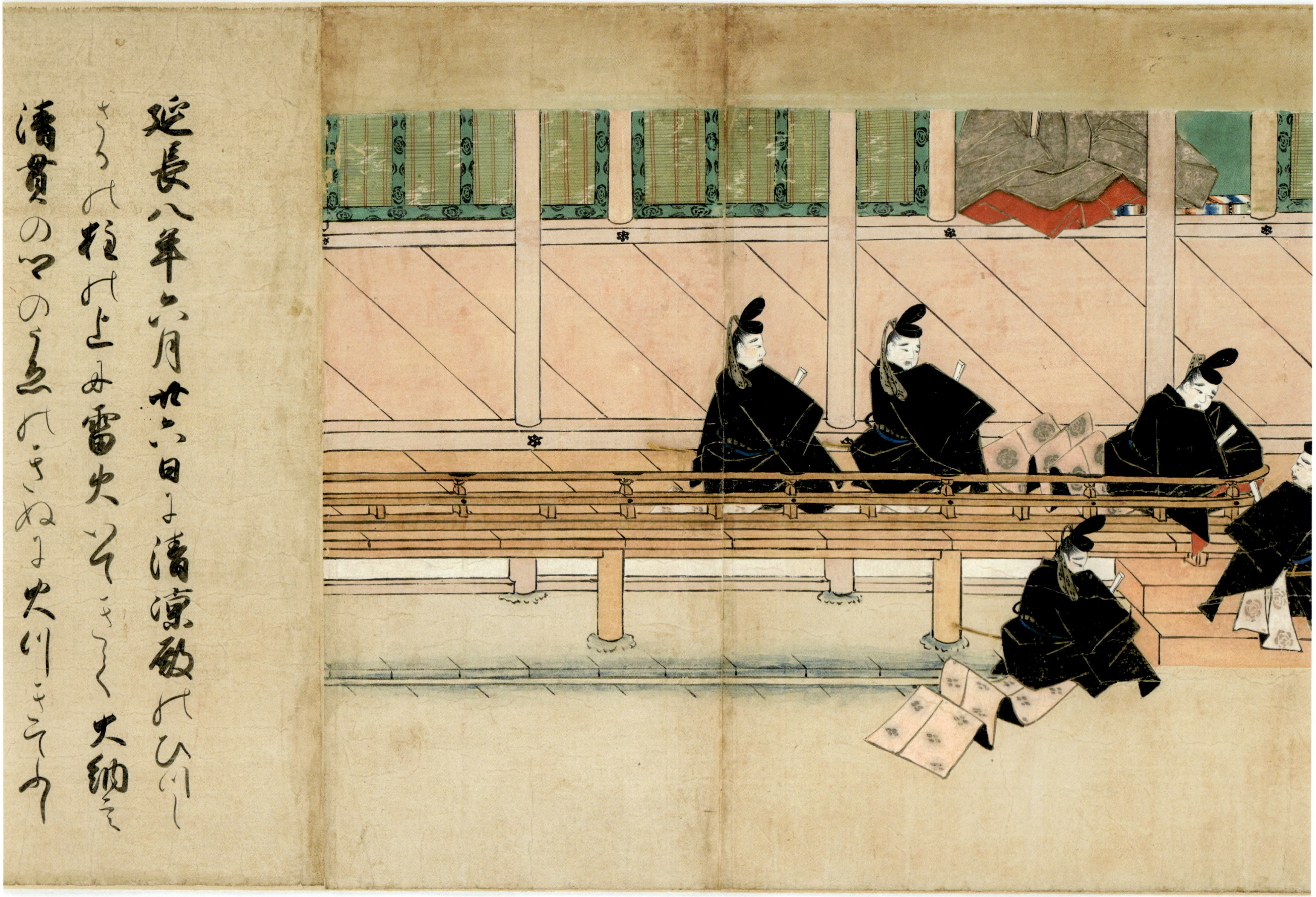

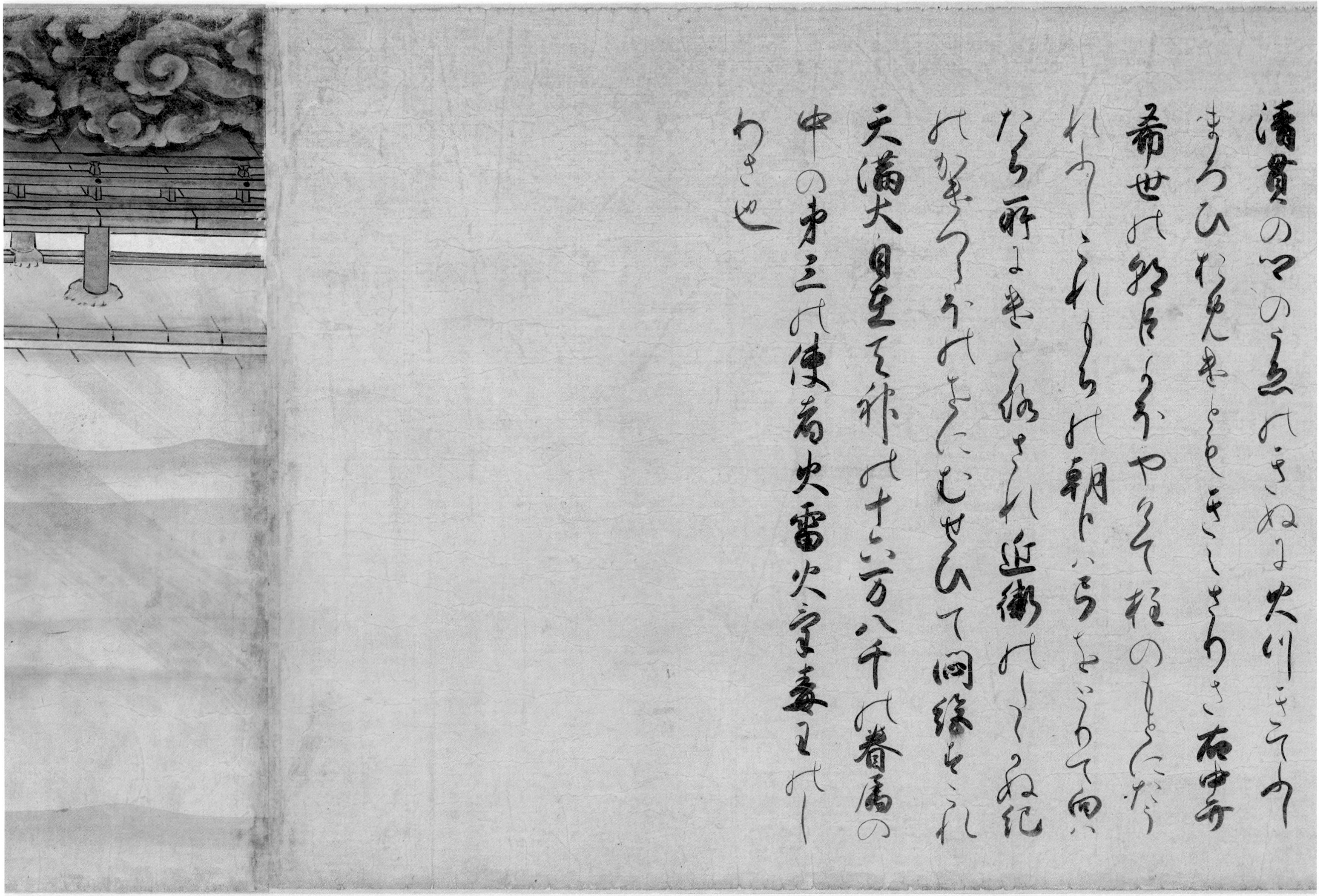



(32)

毎日毎夜もだえて御門ハ出家み
いつもこしくおハしまされ八九月廿二
日みや御位を第十一の皇子寛仁天皇ゆ
ゆつりまいらせて九月廿九日御年四
十六にて出家したまひまいらせても
川いに崩れなりみきと

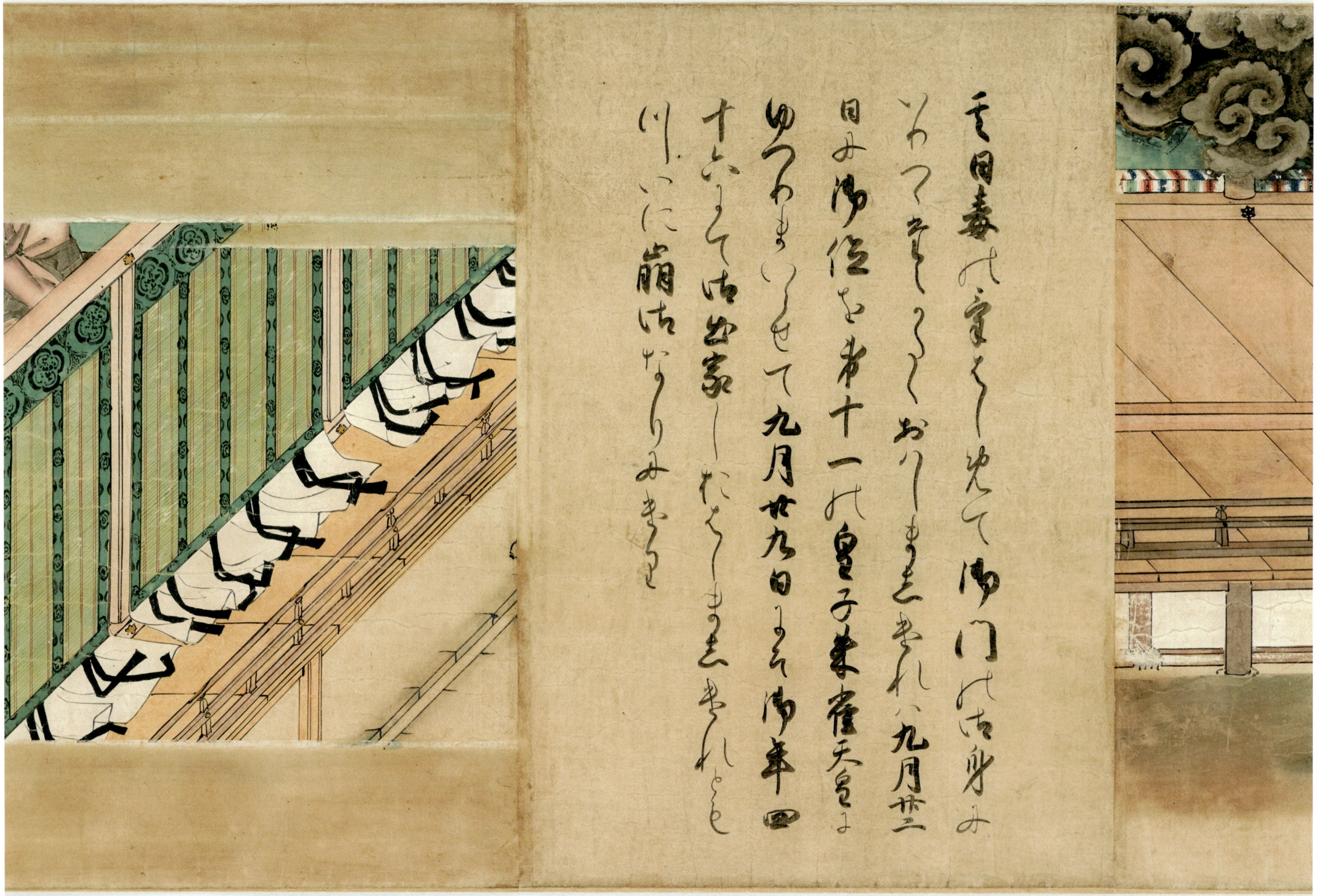

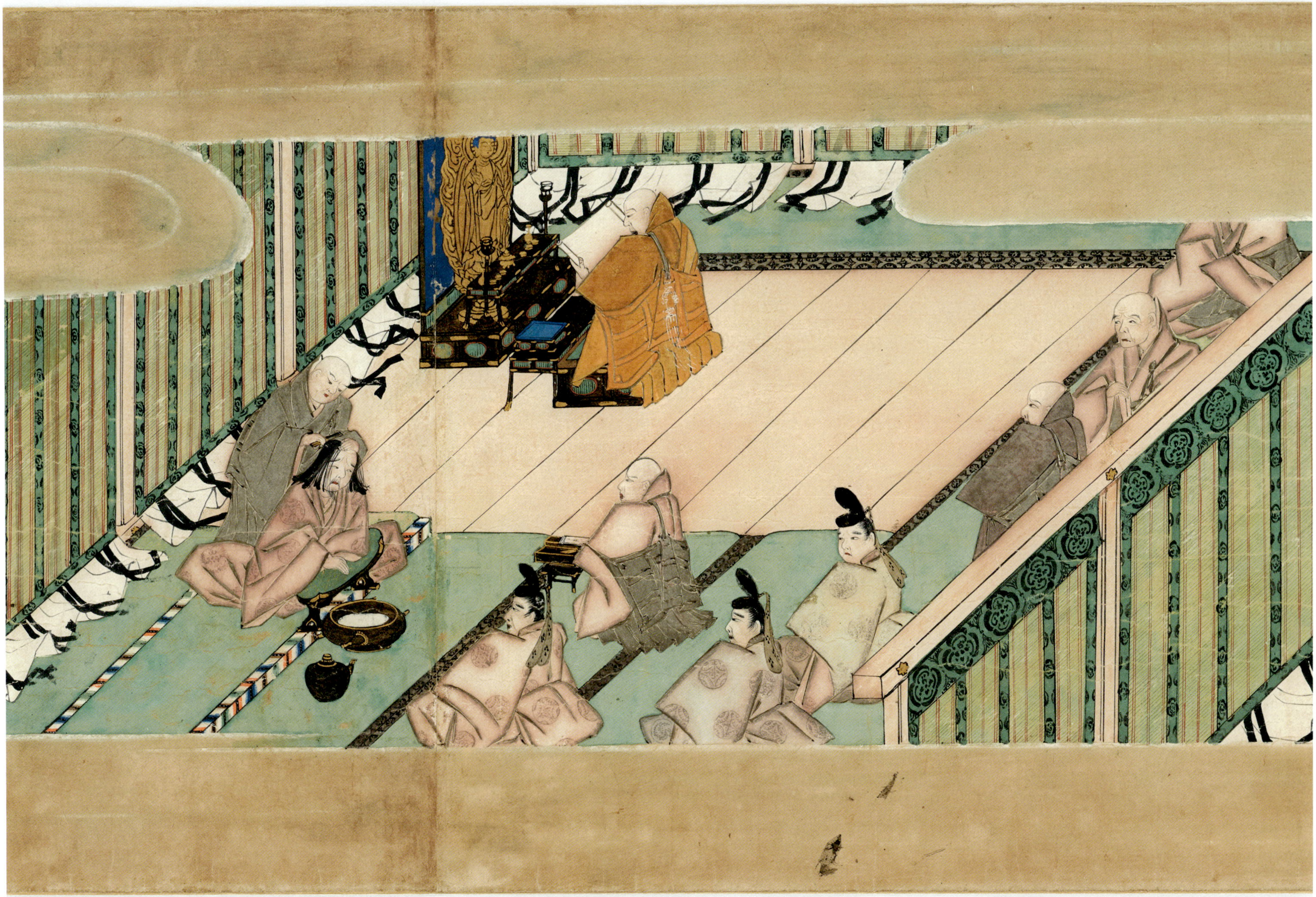

又此金峯山日蔵上人と申人金剛蔵
王のたすけにて三界六道みぬ所もなく
見廻りける承平四年四月十六日笙の岩
屋にこもりておこなひける程に八月一日
午刻許に禅客上人業の床のうへに餘さ
まさりすて儀に死いりにけるほとあ
ひまきり十三日にそよみかへりにける
其程ゆめにもあらすうつゝにもなくして
金剛蔵王の善巧方便にて天満大自在天神
のおはしますなる所なりとて都率の内外院
閻魔王宮地獄なとのこゝろみありけれ
地獄と都率との依正二報苦楽の有様聖
教にのせたるにすこしもたかはす所々天満天
神をは太政威徳天と申て十方の従眷

荏柄天神縁起　巻中　第十二段　日蔵六道巡歴

神をハ大政威徳天と申て十方に従事
さ大王の即位ハ此華の儀式もなく
れ、又ゆ和らけて申よりておられあ
巳待従眷属ハ愛類愛形ハ頼もしく
川くにへ、我ハ金剛力士に如くなりける

我ハ雷神鬼王羅刹のごとく此処
浄土ハ荘厳のこと微妙に宝ある
てりを神日蔵上人に仰けるに我ハ
めみハ罪なりとすることをたえて日蔵
国をひたすらされして大海をなして八十四
年を経く、此国を建立て我まんを
せむとおもひて教法をあひすて心さし
此に頓密聖教うしなひて首に悪心
十分の一にや、ままりぬ、その上に此国の如き
清身ハ大王の悲毒力に、此みの名をあけて神
よかりて此国よりのちに各智力を
川くかり我をすすめ、ゆき者害を
はしきに但我眷属十六万八千の悪神
等所々みちて、われらゆくさ横害をくはへ
我等やめうるさ也日蔵上人峰を経

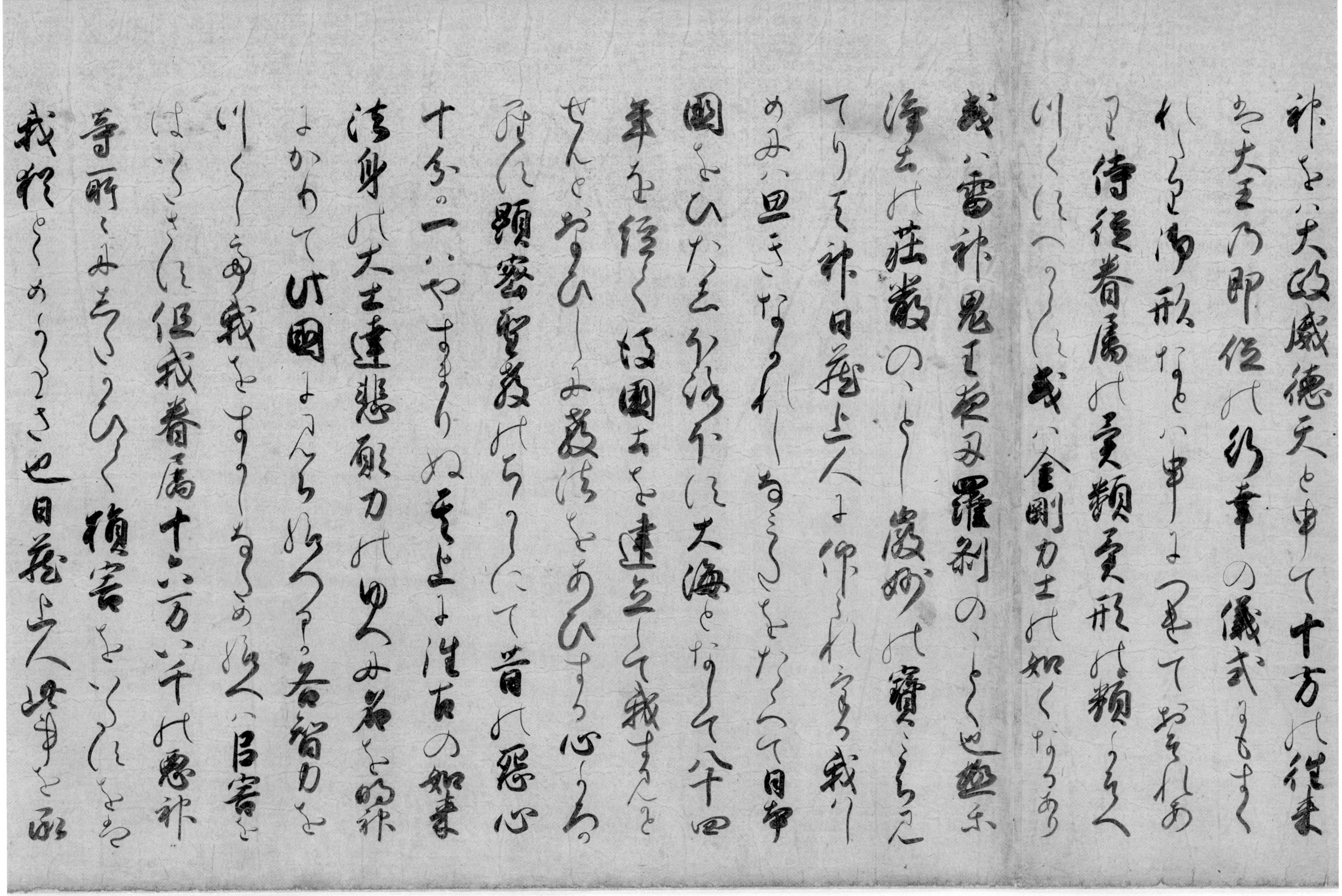

我称はくめうてさ也日蔵上人此事を承
そわこれにうやまひかしこまりて申ける
やゝ日本国の内には火雷天神と称して
為重しまゐる事十号世尊のことく
也なんそ悪心たつましますへきと申給ふは
誰のは尊重すへき佛になりましましんかこそは
いつれの時まつは此恨をわするへき但人
信心ありて我形像をあかめて我名号
をとなへてねんころに祈申あらは
らは我必感應をたれん事響の聲に
ちかきのいとしとそちかはさためした
まひそれ日蔵上人金剛蔵王の神通の
力によりて閻羅王界にいたりて王の使
をあひくしてみ諸大地獄をめくりみるに
一の地獄の中に鐵窟苦所といふ所あり
その四人の罪人ありそのかたちすみの
ことし一人は肩に物をおほへり三人はあか
はたかにて火の上に居しわあの床の上にう
すくまりてかなしくうちける席もなく
しくむせひなきし事つきわかなし王の

てむすひまつさわなすもの
つひをよく玄く肩をうくしうき二の
罪人ハ延長乃御門也けるを三人そは
下や君も臣もおるとるとんそうく
延長乃御門日蔵を招寄給ひ、やま
ひうこまもくさい我それの子門
冥途よハ罪する我ハあうとんひしき
我をうやましよまうれ我の父寛平
清貫のふ心をたつまハ色無實み
よく菅丞相をうしなひし川んよりて
ハ地獄よをろく汝婆ゝゆく我
まよこれ苦患たますを伐くを申へて
てなるそとなりきを治まわ

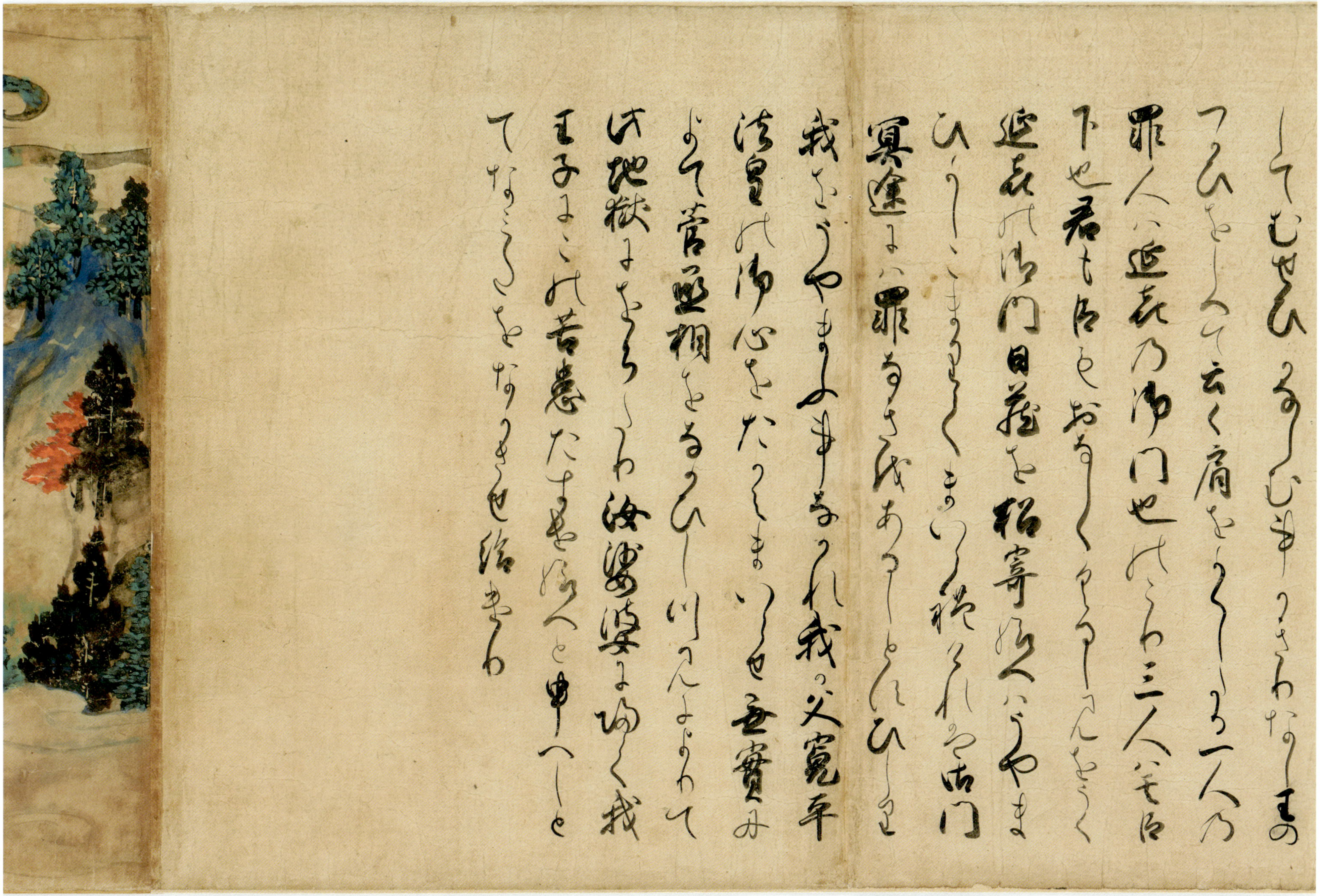

（42）

（41）

(43)

日蔵よみかへりてこのよしをくはしくそ
御門に申給けれは種々の善根ともを
凡法とふらひあはれまきおほよそ国土
のさい害は天神の眷属のしわさなり
とて蔵王仰られける日蔵上人を使
織悪のかくのなすさきまつ井をかわせて
清浄の月お蓮のうてなにめくりける

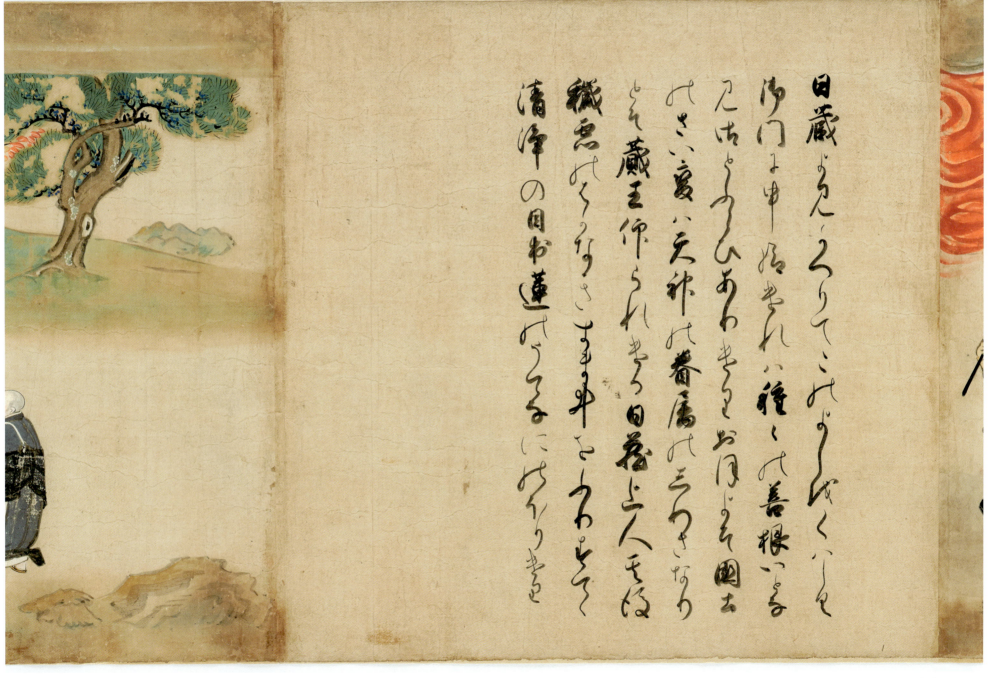

(46)

# 荏柄天神縁起

巻下

荏柄天神縁起　巻下　表紙見返

天慶五季七月十二日西京七條二坊住

せしむれのむすめあることなひしの

み諚宣ミまくくて我昔世みのる時

三ツ石迎れ弓楊よあるまゝ壹年

吉こ乃かとわの閑勝ハ地丸所まて

なゝされとも非道乃罪よ～つりそ

西れ海くろ乃渡まよ川むとくを

潜まか乃所み行あるよ時許そき

し心もたくさむかく～かまく立家

なよるきを主しもり湯院宣いあれ

を身れ袖の丸しきに惇て社を

川くきまゝ丹て業れ廬乃かうり

瑞籬を結く五ヶ年の際いあえも

つせしおゝて天暦元年六月九日て

小野へいう～てま川もける

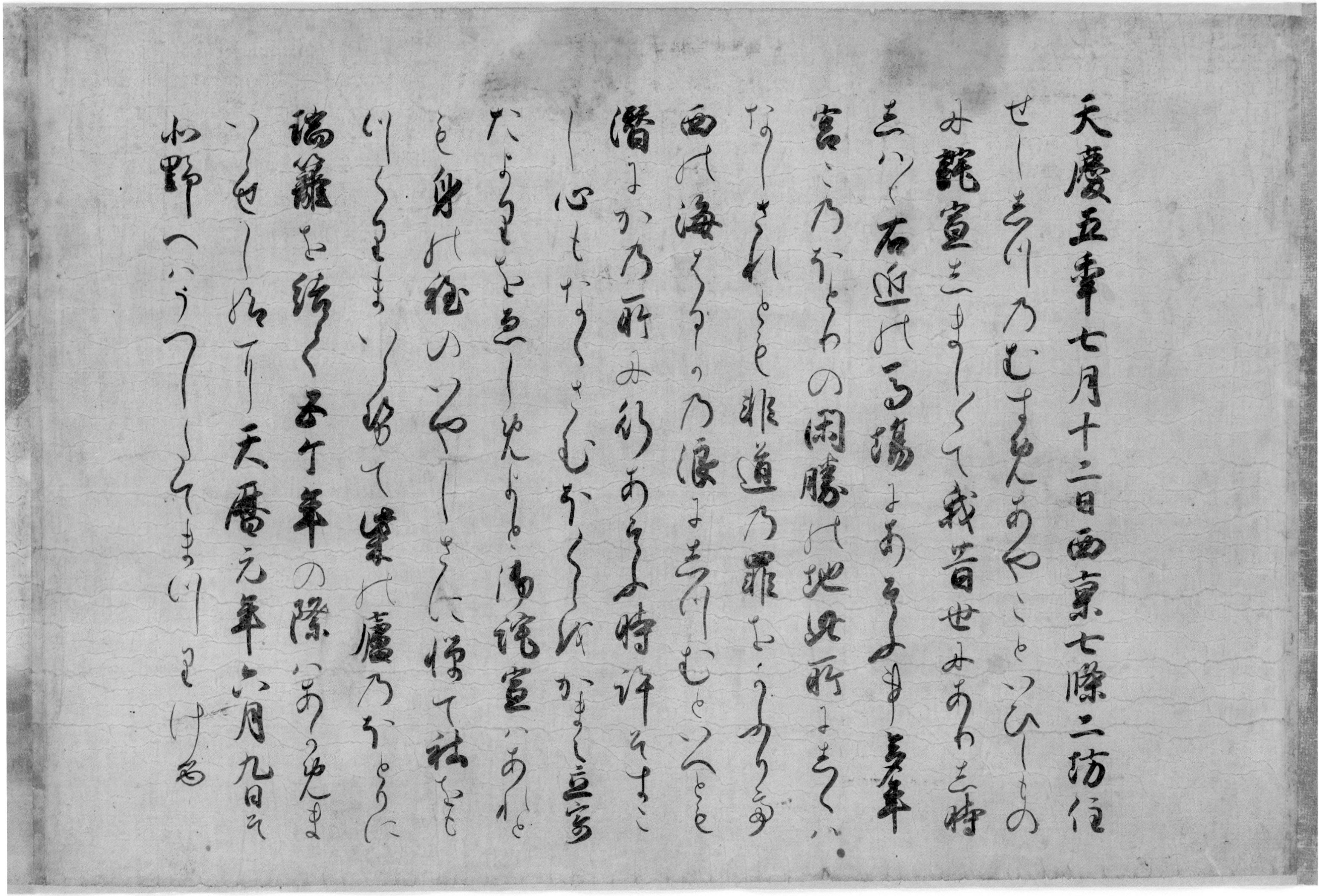

天暦元年近江国比良の宮にて
禰宜神良種の子の童乃七歳
なるに御託宣ありき我物具ハ
これにてりきるわ井し給へりしもの也
仏舎利玉の帯銀作の大刀笏の鏡
なりとしあり老松富部といふ二人侍従
あるとき笏をは老松にもたせ舎利をハ

（4）　（3）

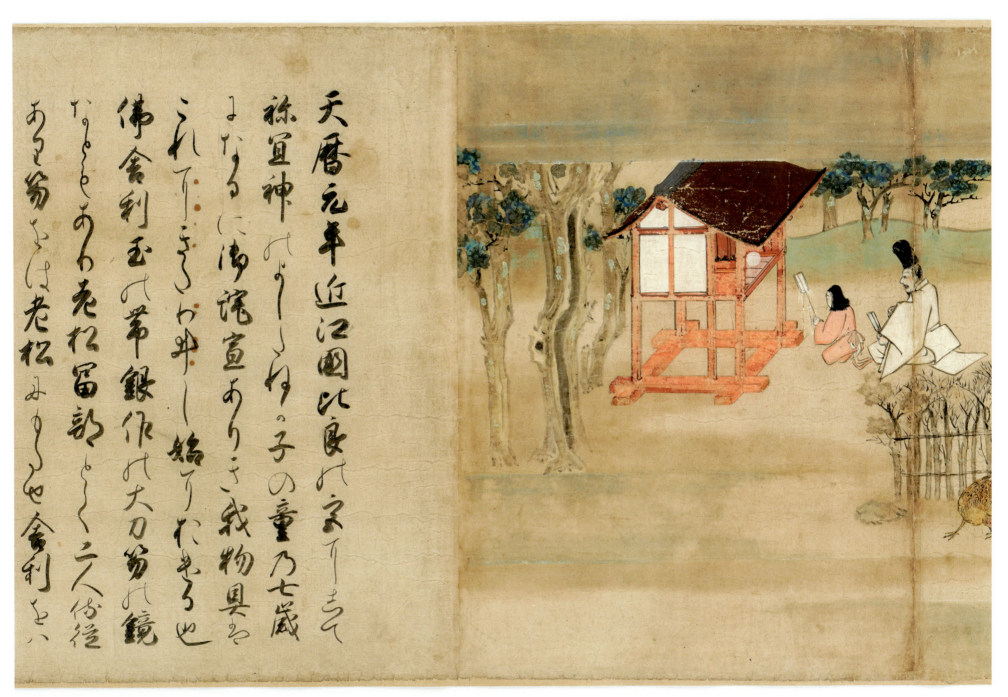

あるとき笏をは老松にもたせ舎利をハ
冨部にもたせたり此者ハつくし
より我にしたかひきたれる物也此二人ハ
甚不調の物也そのゆへにゆるしをせす
我居たる左右におきたれ老松をこ
て家居たる所に松のたねをまきの
する也家首大臣なりしとき梅をこのみ
松身に生て即なれぬとこそいへしハかりまろ
へき桐也松ハ我像の物也我慎恚のかく
むすら天にみちて諸乃鬼王ハ十万五千
あまりけり眷属ハされし此界のする也
不信なるもの々をはきらし正直なる
たまものをハまもりけん皆人賀茂八幡
とのへ我なとはこのとも物にいハい
これ乃神々といふとも我をハたしかにを
祈たし右近の馬場ハ我すみかの也そこに
は松をうへし但我此界にあるへし時
五事共川とめて佛地をたすけ中に
あるる中に天台の懺法をよみとも
たまはし一乗罪のくして自在の身を

さるしてを罪のくして自在の身と
なるへしとこえ/\し申おはるを
懺悔すゝめに法花三昧堂を立て大法
此法螺を時々に吹むへ何よりも
一大事因縁ハ不可思議此後集
みけをくゝる離寅三四月さ子時と又
鴈是結将軽撃卯爲以題着悟囚象
此句を通せん筆いみうれしくと
さて此童とん失よもわ

（7）　（6）

良種此よしの御託宣を身にそへて
右近の馬場に向て朝日寺の住僧最
鎮法儀鎮世等に向て事の子細を相
議しけるあひだ一夜の中に松おひて

（8）

議しけるあひだ一夜の中に松おひて
数歩の林となりにけりさて寂讃と
あやしかる伴類寺主満増星河秋永ら
ちからをあはせ心をひとつにして藤祠
の霧をはらひつゝ松墻の風をあふきける
天満霊験殊勝賞罰掲焉也天暦元
年より天徳にいたるまで四十年の際
御殿をつくりあらたむる事は五ケ
度也天徳三年己未の歳九条右丞相
屋舎を作りまし宝物をまいらせ給ひき
其後九条殿の御子孫つゞきて
修繕を絶事なくして皇徹もつきせね
ぞ九条殿の信心のちからにて天満天神
の法めしうけ給なり



(9)

(9)

圓融院の御時貞元々年より天元五
年にいたるまて七年かあひた三度
まて内裏焼亡ありける時の造
内裏の番匠近世集参て南殿の裏板
よかなかけさせて次乃朝みまいり
てみれはいつしかあさましくむしのくひて三十
一字なるうたをくひたりけり
つくるともまたもやけなむすかはらや
むねのいたまのあはぬかきりは

(12)

一条院の御宇に正二位従一位左大臣
の官をハおくりてまつり給ふ彼位
記詔書等勅使菅原幹正正暦四年
八月十九日大宰府にくたりつきて廿日
未時に安楽寺にまいりて御位記の
箱を案上にさしおきて再拝しく
してよみあけ給しにひとつの絶句
の詩化現してあらはれ給ふ其第一の不
思議とハおほしめしくしも侍り
忽驚朝使排荊棘官品高加拝感成
雖悦仁恩覃遐窟但羞存没左遷名
件平文ハ外記の局におさめられ侍
いましに何也道風の筆作にまうしお
きのよまなのわまるき弘法大師の
菅丞相ハ我昔世の身野道風ハ我
順世の身なりとしめし給けるも此ぶ
まこそ識下しハおほしめす今度の勅答

まそそ識下しはおほかめる今度の勅答
神慮にも我心よりのしるしと祥儀なくなり
て同五年乃比正一位太政大臣の官位
をくらしてまつりけるに此度
そ天神の御心しらせきこて一乃詩を
託宣せさせ給ける
昨為北闕被悲士今作西都雪恥尸
生恨死歓其我奈今須望足護皇基
此詩をは世乃人一度も誦するもの
なくは一日に七度守護せんとちかひ
ましくけるとは歌れ無實にはあるまし
事はあをとらひかのくなるかれ
をも立所に霊験にあらはれけれ

(15)

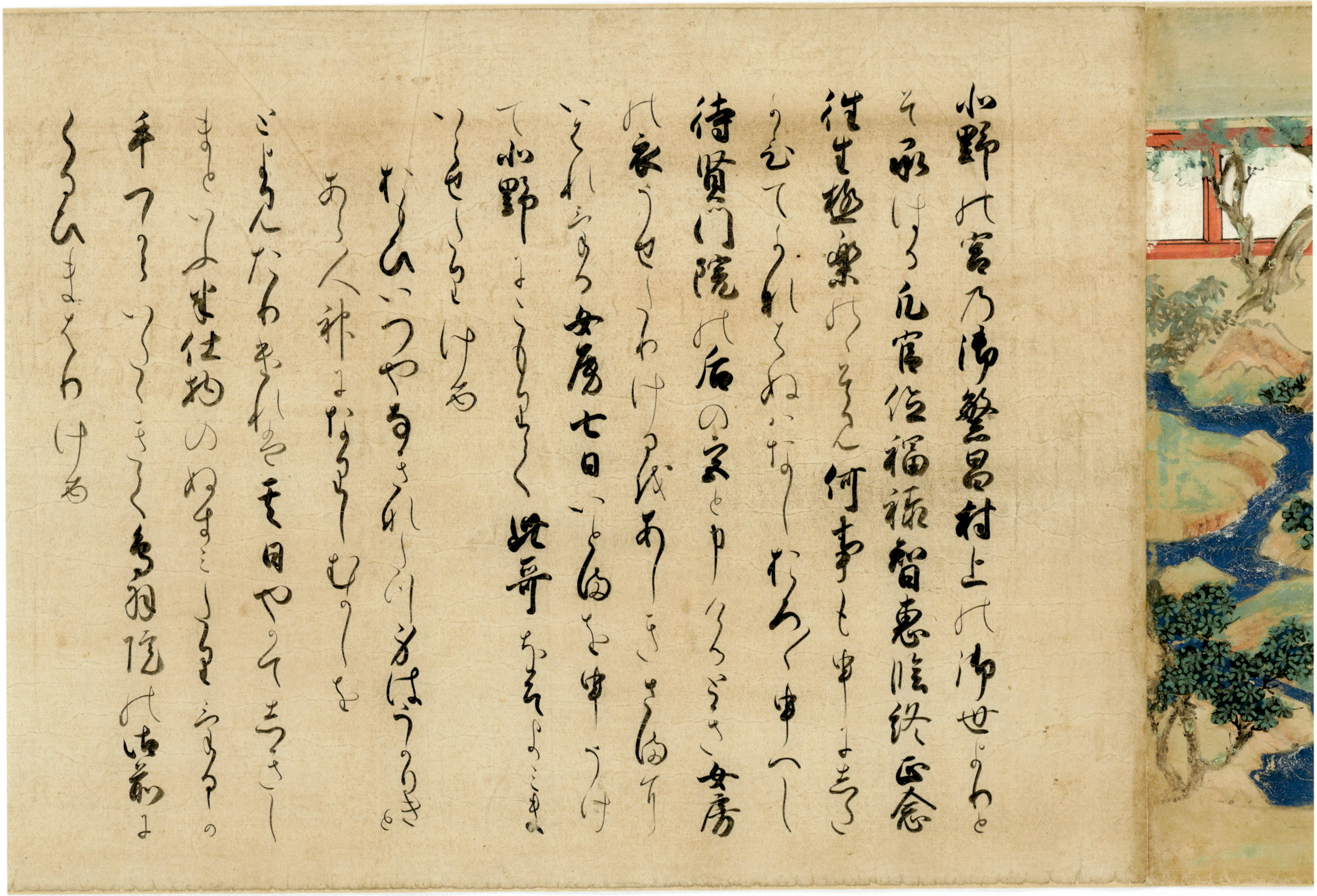

治部卿通俊の子にて世尊寺の阿闍梨
仁俊と申て貴き人ありけり或女房鳥
羽院に件僧は女心のあるよし讒言し申
たりけるに阿闍梨やすからすおもひて
北野にこもりてよめる
あはれとも神〳〵ならはおもふらん
人こそ人のみちをたつとも
とよみけるほとにかの女房くれなゐの袴
はかりきて腰にまとひつゝ手には錫杖を
ふりて仁俊にそらことをいひつけたる
むくひよとてくるひまはりありけれ
院宣ありて北野より阿闍梨を召出し
てたすくへきよし仰られけれはいのりてひら
ひこしん去ぬくはやそてさめにけれは
阿闍梨にほうすゝめんとて御馬をなん
引て種々の禄をそへられける

荏柄天神縁起　巻下　第七段　世尊寺阿闍梨仁俊

(23)　(22)

仁和寺なりける阿闍梨北野の御輿
西京の旅所になくしものしけるに車よ
りなからいかりけるに其牛よわりた
倒臥て失ぬ　ある阿闍梨からくよりよ
おきれとも　やまひつきて一二年なや
みて北野に参て怠状申つきしける
ある加持はまれとも　かなくいくいへり
次八月の御祭も村上の御時よわりて
まつる家の法御法大蔵省乃川と絶也
神威厳重也儀式希代也

後三條院御宇延久二年九月比仁
和寺乃池上ニ僧西念と申ものの年來
十許ニて小野ニ百日籠て終日通夜
祈請する事ありけるに人ゝあやしみ
て無實としおもひつゝとて申あふ程ニ
九十三日と申ニ晴師返とこのミける僧
よろこひてなく〱申けり西念ハ已了
年來ハ所望ハかなひて〱此ハ正月ニ熊

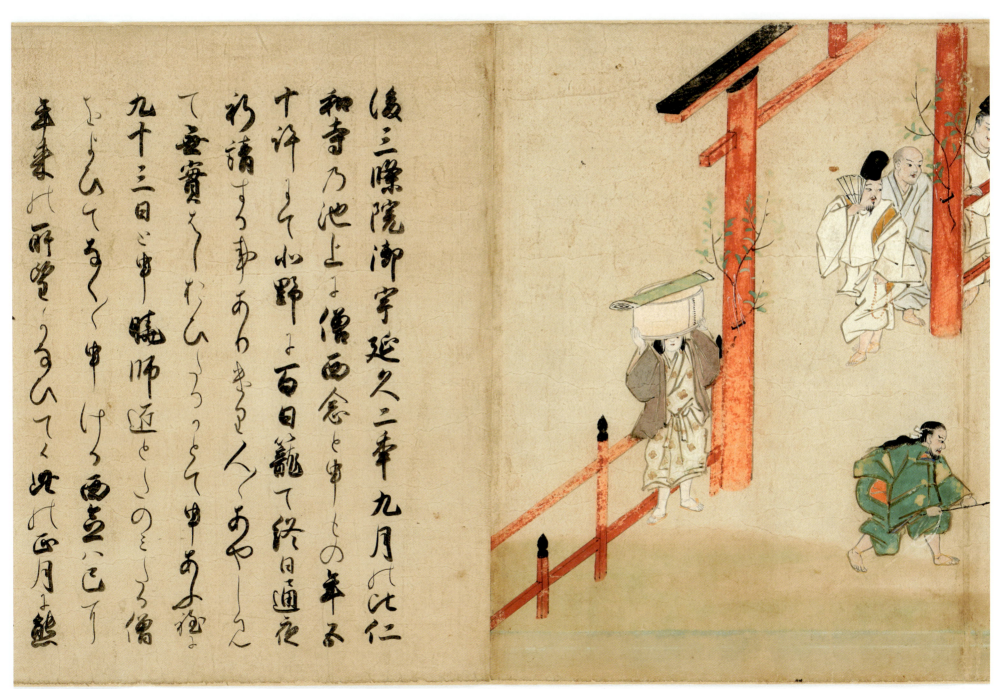

年来ハ所望のあるによて此ハ正月に熊
野那智山に参て百日こもりて臨終
正念往生極楽の定日何日と云事し
めし給へと申侍しに百日と申侍し
夜ハゆめに御戸をひらきて齢七十
余の老僧ハ額のあたりまてひしかうへの
霜さしろくさうさゝ御帽子して見え
し僧はるしやう海の中所ハ往生の
日我心よろこひてし小野の宮寺
まいりていのり申へし天乃御まへの
ほひしくあるへしと示現をかうふりて
さてつくまいりて申経み此晴志りて
まゐらせて時ゆめのうつゝしつともいと
わうれ御殿より直衣ハ神許出て海の
はらん中事やすうしと人と往生
乃心さしいたゝる也乗年ハ二月の彼岸
の七日こっそん朝を始へし千手経おもひま
たうるあまくてあさこゝ佛にむかひて
念佛を申へしつなる人も心さし候
おなくは往生ハやすまつれとも臨終ハ時の

荏柄天神縁起　巻下　第九段　仁和寺西念

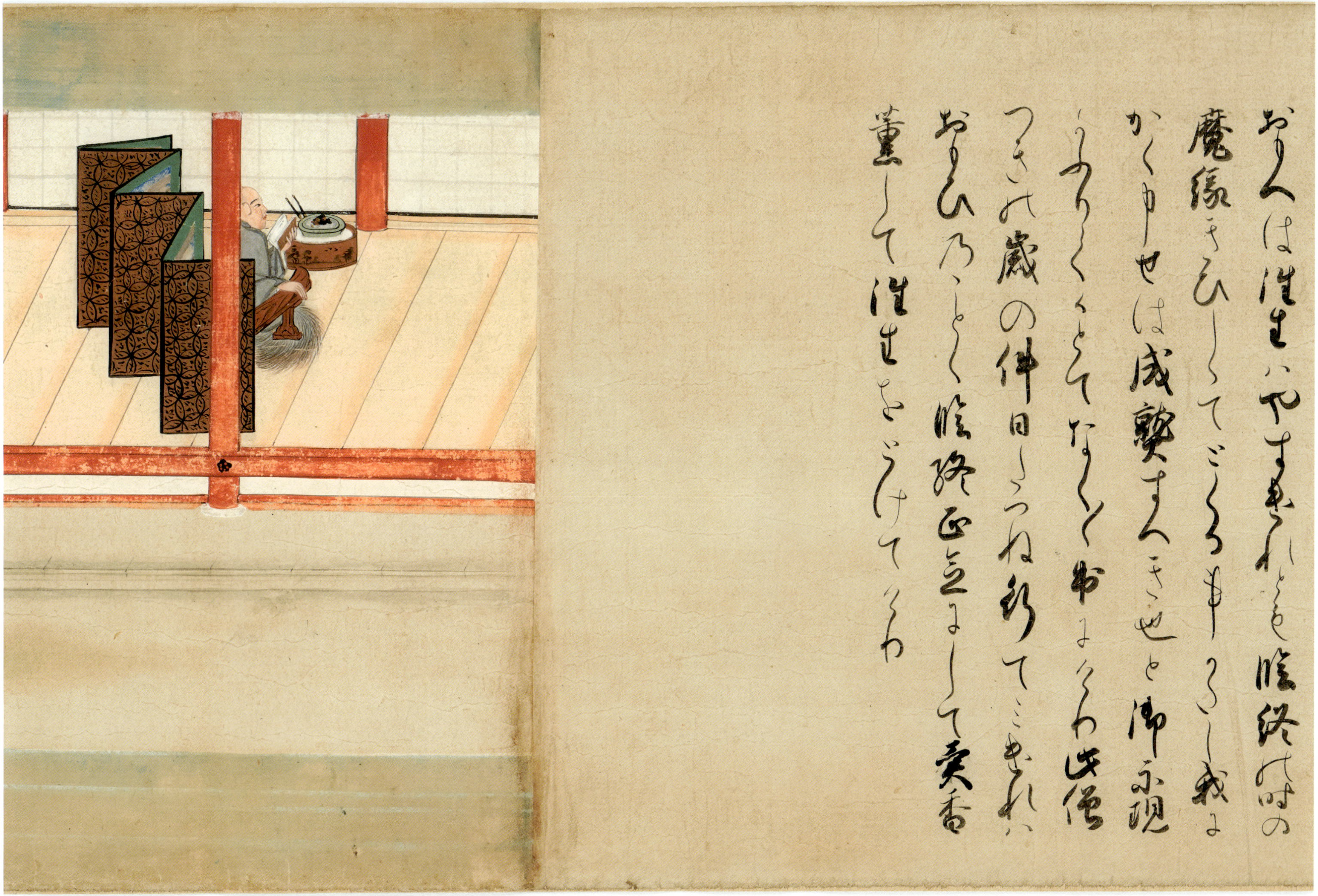

(31)　(30)

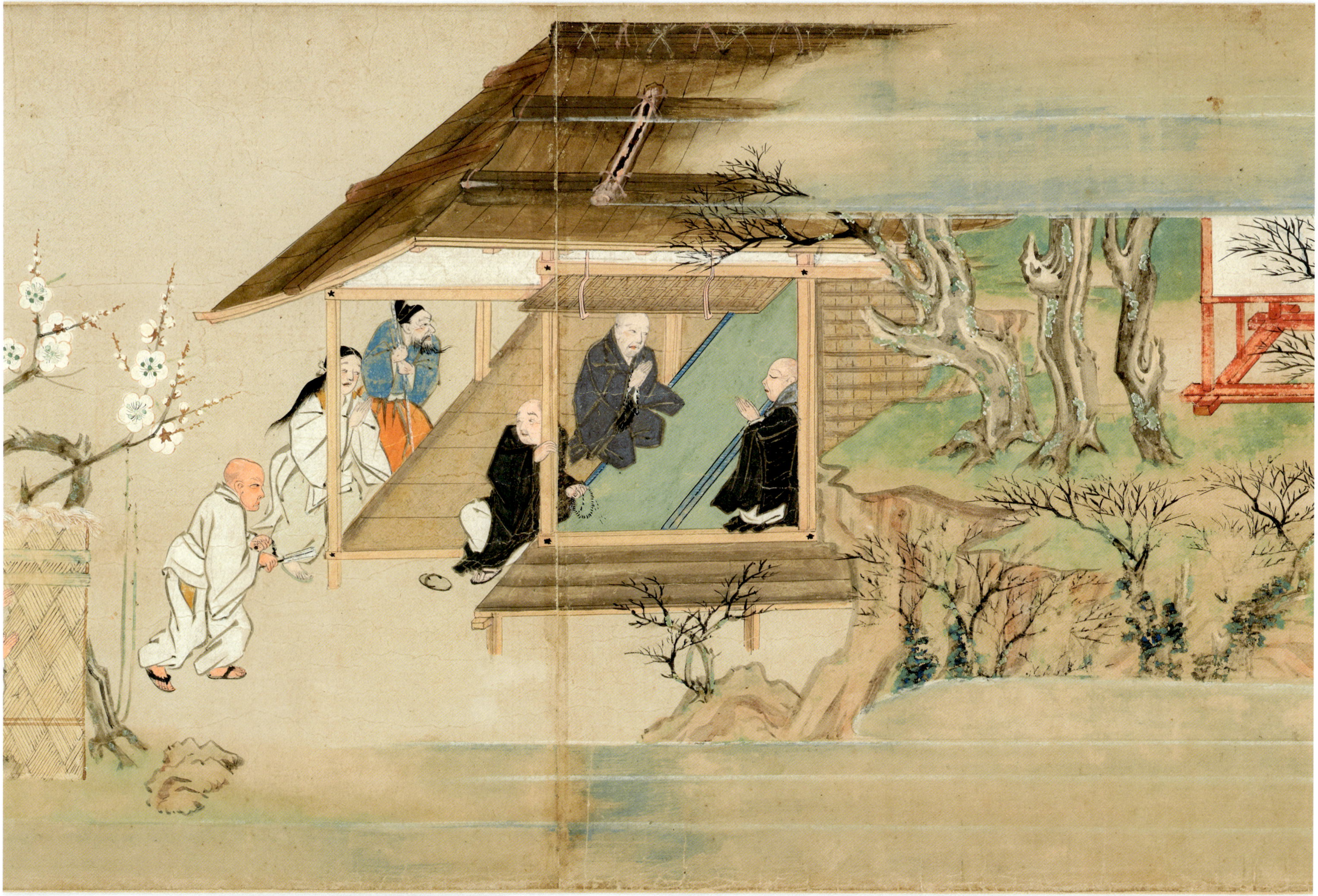

白河天皇御宇承保二年西七条に貧
しき銅細工ありけるか女子二人もちたり
けり十二十四許なりしに母にをくれにけり
父此子共をねんころにはくゝみ糸惜しく思て
たとへは契申程あるましく
此子をはあはれみ給へ継母まうけん
なとなく申てはかなくなりにけり
たとへ契たかへしとわかれにく其乃
年後程なくて妻をなんまうけける
まゝはゝいつしも昔も今もさらぬ中のならひ
にて此継女をあなつらはしくにくみ思ひ
日数ふるにもくはしくなりて此の
らはさてんとあんしける

荏柄天神縁起　巻下　第十段　銅細工娘（一）

人はまこともうるはしくなりひて姉妹
北野に参てこもりにおちと夜ひるなと
たゑなくして天神にこまやかにまきれ給ふと
うれへ申てうけ給し母に孝養報恩
おもはぬ程は多なりけはいのちをめせと
申ける程に御託宣ありけて各あ
ひとまさしかはる播磨守有忠なるへき
て姉をよひよせてこれ乃ゆへをとひてこゑ
やかて妻にさたまり妹をは宮仕させける
程に京うつりましつもて目出させ給て
父母乃孝養思さましにそ志候ける御託
宣には孝養は心さしわれと給なりとて
感応ありて我まもりさいわひへしとそ
仰られけるかくれそ天神に心さしを
ふかしあゆみ成たこひ人筆をへて一つなる
めそこそつむすつるへきこと也

小野の御利生によりて此むすめ播磨
守の御前となりて思のまゝさかへ
父母乃ためにも堂塔をつくりて後にハ
出家して発心の心まちうして往生
とけにけり

(39)　(38)　(37)

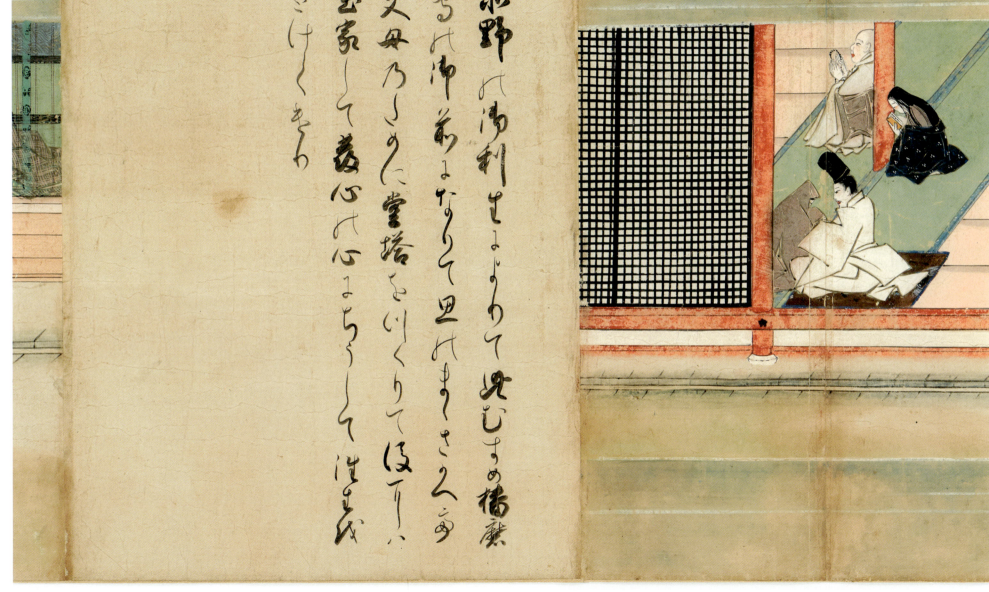

(40)　(39)

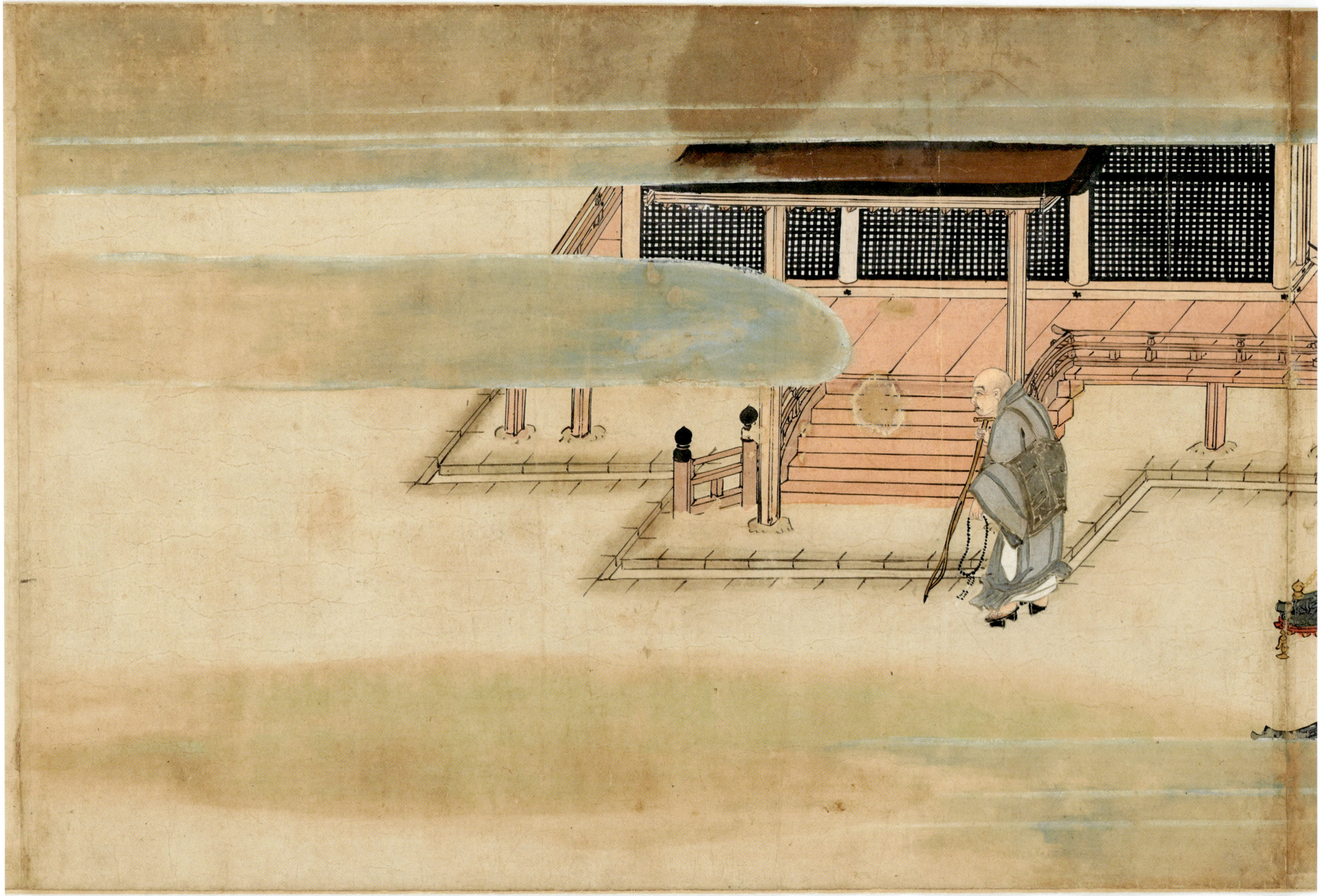

天満天神利生利物薩埵之応現
権化之方便縡入幽玄筆雖覩縷
唯鶯談之所伝世論之不忘候之
丹青乾具畫之特勒成一部相并
三軸聊依有中丹之備願所念此
縁起之畫切也一　奉納宝殿之後
再拝其瑞籬之外信心之至　廟鑒
定照感應之條宿望畫成于時宝暦
元應屠維之年玄律大呂吉朔之節
記之

右近将監藤原行長

旧内箱

旧外箱

# 『荏柄天神縁起』解説

土屋　貴裕

# はじめに

天神縁起絵は、死後、天神として祀られた菅原道真（八四五〜九〇三）の生涯と天満宮の草創、天神の霊験や利生を描いた絵画作品である。天神信仰そのものは道真没後しばらくから起こるが、道真の主要事跡と天神の霊験などを集成、選択の上に編集され、整序された縁起文が成立したのは平安時代後期のことと考えられている。その後、鎌倉時代になるとこうした縁起文に絵を加えた天神縁起絵が作られるようになる。

広範な天神信仰を反映してか、天神縁起絵は中世を通じて、とりわけ絵巻の形式をとって相当数制作された。現在確認されるだけでも三十件近くあり、同じ主題で描かれた中世絵巻のなかでも群を抜いて作例が多い。さらに、その制作数（現存数）の多さもさることながら、他の縁起絵巻とは異なり、京都のみならず地方に勧請された天神社に奉納され、今に伝えられる作例が多いことも特徴である。各伝本は詞書、絵ともにそれぞれ異なり、大枠での系統分類が試みられているものの、同じものが一つとしてなく、それぞれに独自の個性を放っている。

なかでも、前田育徳会尊経閣文庫に所蔵される「荏柄天神縁起」は、奥書に元応元年（一三一九）の年紀を有し、三巻三十六段、天神縁起絵の諸段を網羅した完本として重要な作例である。もとは鎌倉・荏柄天神社に伝来し、江戸時代前期、加賀前田家第五代当主の前田綱紀（一六四三〜一七二四）の頃に前田家の所蔵するところとなった。その後江戸時代を通じて加賀前田家に伝わり、大正十五年（一九二六）、加賀前田家第十六代当主前田利為によって設立された尊経閣文庫に収蔵された。

本絵巻については昭和十年（一九三五）十月、尊経閣叢刊としてコロタイプ印刷で三巻が複製・頒布された。当時最高の印刷技術を用いたこの複製の再現性は非常に高く、研究資料として今なお有益である。ただ、この複製自体がすでに「文化財」級のものとなっていることは、これを所蔵する図書館、資料館、博物館の多くで「貴重書」扱いとなっていることが示している。「複製」といえども、今日容易に閲覧することが難しい状況なのである。そのためか、本絵巻の研究も活発になされてきたとは言い難い。

このたび、尊経閣善本影印集成として、高精細撮影された本絵巻の全巻画像が刊行されることになった。以下、本絵巻の基本情報を改めて提示するとともに、いくつかの論点を紹介しながら、本作の絵画史的位置について考えてみたい。なお、本絵巻は従来「荏柄本」と略称されることが多かったが、現在前田育徳会所蔵であることを踏まえ、「前田本」と称する。

## 一　前田本の概要

前田本は全三巻から成り、巻上は十一段、巻中は十三段、巻下は十二段、計三十六段の構成である。縦は、それぞれ三四・五センチメートル、横は、巻上は二〇九五・四センチメートル、巻中は二〇五二・六センチメートル、巻下は一九三九・六センチメートル（法量表参照）。詞書、絵ともに全段分を完備した伝本として天神縁起絵諸本のなかでも貴重である。奥書には、元応元年（一三一九）、藤原行長が奉納した旨が記されている。鎌倉・荏柄天神社、加賀前田家に伝来し、尊経閣文庫に収蔵され今に至る。昭和六年（一九三一）、国宝保存法によって国宝（いわゆる「旧国宝」）に指定され、戦後の昭和二十五年（一九五〇）の文化財保護法により重要文化財となった。

三巻とも表紙に題箋を付すが、現状では墨書は確認できない。この題箋は表紙と意匠を同じくし、現在の表紙および見返しが仕立てられた際に付されたものと推察される。表紙そのもののモチーフは三巻で若千異なるがおおむね一致している。画面下部には水際の洲浜を銀砂子で表わし、水流を銀泥で、水草を金泥で描く。画面の中央には金銀の砂子を寄り添わせた直線を平行に数本引き、その周囲には金泥による梅の枝、金銀泥による紅白梅を置き、さらに金泥による笹や松、草などを配す。これらの下絵は、全体に江戸時代前期頃の料紙装飾の感覚を伝えているように思われ、旧箱が新調された際に付けられたものかもしれない。見返しは金地で絵は確認できない。軸端には螺鈿による梅花が施されている。

挿図１　前田本旧外箱（蓋表）
前田育徳会蔵

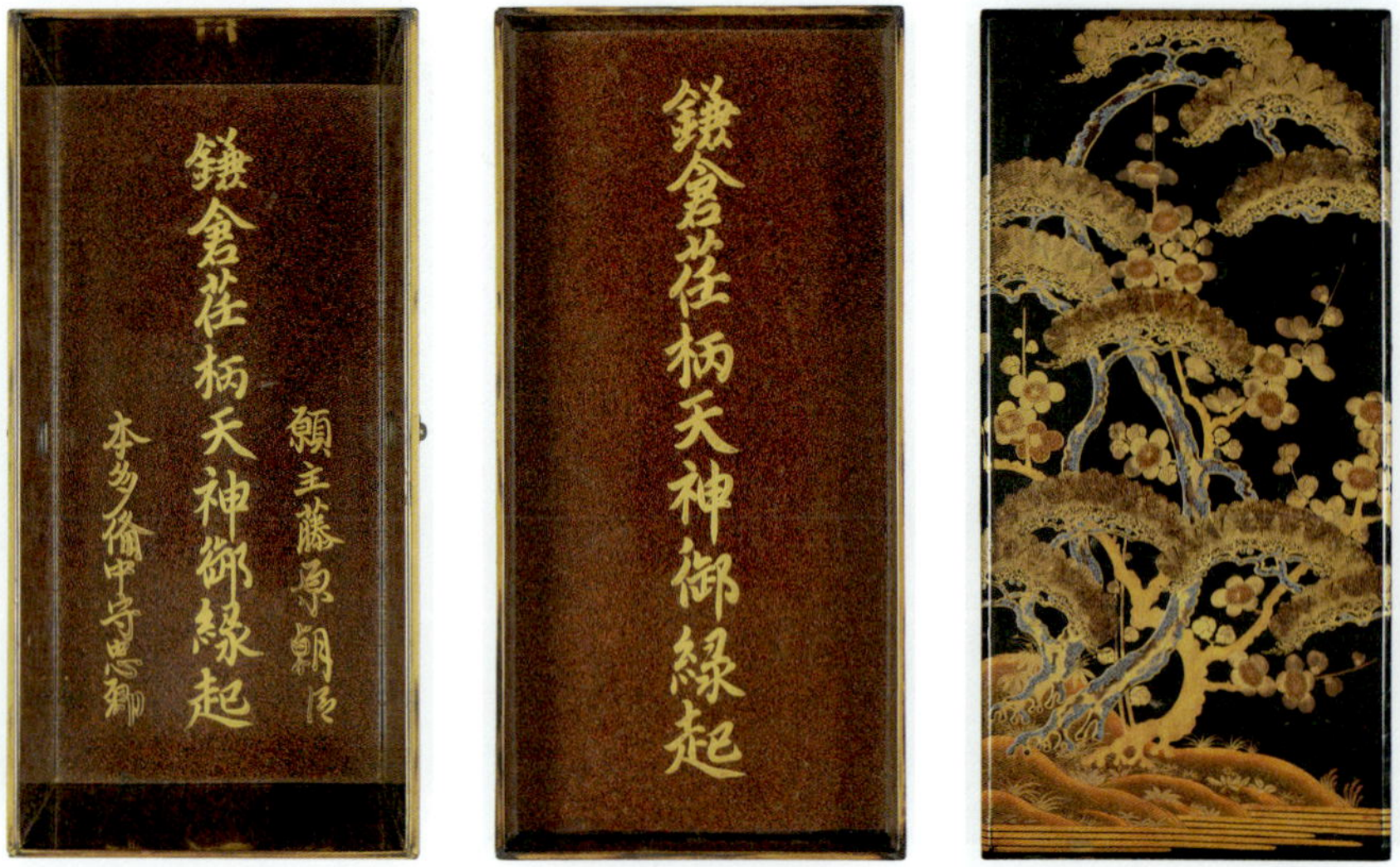


挿図２　前田本旧内箱（右から蓋表・蓋裏・身の底）
前田育徳会蔵

料紙の用い方については、前田本は詞書と絵が同一料紙にある段が存在しない。そして、詞書は一紙、もしくはその半分程度の長さの紙を主に組み合わせ、余白が生じてもこれを断つことなく用いている[1]。また、紙継に文字を乗せていないのも、詞書染筆時の料紙の状況をうかがう上で重要な手がかりとなる。対して絵は、一紙の幅に短い料紙を継ぐ段が多く散見され、各段の絵の長さにはばらつきがある。

この三巻は昭和四十四年（一九六九）から翌年にかけて修理が行なわれ、軸には太巻が施され、桐材の印籠内箱、同じく桐材の春慶漆塗台指被蓋の外箱が新調されたが、それ以前の旧箱も二重箱であった。外箱（挿図１）は朱漆塗で、蓋表に「荏柄天神縁起函」と墨書され、蓋側面に前田家での収蔵管理で用いられた墨書の貼紙が数葉添付されている。内箱（挿図２）は蓋、および身の四面に金銀の蒔絵で梅、松を描き、蓋裏に「鎌倉荏柄天神御縁起」、身の底に「願主藤原朝臣／鎌倉荏柄天神御縁起／本多備中守忠卿（郷）」と金泥で記されている。

以下、前田本全三十六段の構成と概要を示す[2]。各段の詞書の内容と絵の描写については、本書の「場面解説」（23頁）参照のこと。

**【巻上】**

**第一段　序・道真化現**

北野社の草創と天神信仰の広まりを述べる序に続いて、菅原道真が菅原是善の邸宅に化現した奇瑞を描く。

**第二段　幼時詩作**

道真、幼少時から優れた詩才を発揮する。

**第三段　大戒論序**

貞観八年（八六六）、安慧の求めにより顕揚大戒論の序文を記す。

**第四段　良香邸弓場**

貞観十二年（八七〇）春に都良香邸で行なわれた弓遊で道真は優れた腕前を見せる（良香邸弓場）。同年三月、道真は献策を受ける（献策）。

**第五段　吉祥院五十賀**

寛平六年（八九四）、道真の五十の賀において白衣の翁が願文と砂金を捧げる。

**第六段　任大納言大将**

寛平七年（八九五）、東宮時代の醍醐天皇の命により、一時のうちに詩を十首作る（一時中十首詩作）。寛平九年（八九七）、大納言になり、大将も兼ねることになった（任大納言大将）。

**第七段　任右大臣**

昌泰二年（八九九）、右大臣となる（任右大臣）。昌泰三年（九〇〇）、祖父・清公、父・是善、そして自らの家集をまとめ、醍醐天皇に進覧した（家集天覧）。

**第八段　椋木法皇**

昌泰三年、醍醐天皇は朱雀院に行幸して宇多法皇と密事におよび、政務を道真一人にゆだねることになった。道真は再三固辞したものの許されることはなかった（朱雀院行幸）。これを恨んだ左大臣藤原時平は讒訴し、昌泰四年（九〇一）、醍醐天皇は道真を大宰権帥として流罪する宣旨を下した（時平讒言）。宇多法皇は内裏に駆け付け天皇に直訴しようとするが、蔵人頭藤原菅根に阻まれた（椋木法皇）。

**第九段　紅梅別離**

紅梅殿の梅に別れを惜しむ歌を詠み、梅は道真の配所である筑紫まで飛んできた。

**第十段　牛車配流**

筑紫への配流の途中、陸路にあって漢詩を読む。

**第十一段　船出配流**

筑紫への配流の途中、海路の途次にあって漢詩を読む（船出配流）。筑紫においても和歌を詠んだ（配所詠歌）。

**【巻中】**

**第一段　恩賜御衣**

筑紫の地で、恩賜の御衣を見て詩作する。

**第二段　送後集長谷雄**

大宰府で読んだ詩を集めて『菅家後集』と名付け、都の中納言紀長谷雄のもとへ送る。

**第三段　天拝山**

身の潔白を訴える祭文を作り、高山に登って七日間、天道に訴える祀りを行ない、生きながら天満大自在天神となる。

**第四段　安楽寺埋葬**

道真の遺骸を乗せた車が道中で突如止まって動かなくなってしまい、そこを墓所と定める。

**第五段　柘榴天神**

死後ほどなく、天台座主尊意のもとに道真が現われ、口から吐いた柘榴が炎となって僧房の妻戸を焼く。

**第六段　時平抜刀**

道真の霊が清涼殿に落雷を引き起こし、時平が太刀を抜き立ち向かう。

**第七段　尊意渡水**

天皇の召しにより参内する尊意、洪水の鴨川の水を引かせて駆け付ける。

第八段　時平薨去
時平の病気平癒のために訪れた三善清行、浄蔵父子に対し、天神が青い蛇となって祈禱を妨げ、時平は没する。
第九段　公忠奏上
延喜二十三年（九二三）、右大弁源公忠が頓死し、蘇生した後、炎魔王宮での出来事を醍醐天皇に奏上する。
第十段　清涼殿落雷
延長八年（九三〇）、清涼殿の西南の柱に落雷があり、道真を陥れた廷臣たちが落命する。
第十一段　延喜帝落飾
醍醐天皇が朱雀天皇に譲位して出家し、間もなく崩御する。
第十二段　日蔵六道巡歴
日蔵が金剛蔵王権現の導きで六道巡りをし、天満天神（大政威徳天）に会い、さらに鉄窟苦所という地獄で醍醐天皇らが苦を受けているのを目撃する。
第十三段　日蔵奏上
蘇生した日蔵はこの旨を詳しく天皇に奏上し、さまざまな供養が行なわれた。

【巻下】
第一段　綾子託宣
天慶五年（九四二）、綾子という者に天神の託宣が下り、天神を祀る社を造る。天暦元年（九四七）には、この社を北野の地へ遷すことになった。
第二段　太郎丸託宣
天暦元年、近江国比良宮の禰宜神良種の七歳の童子に天神の託宣があった。
第三段　社殿造営
良種はこの託宣を携えて右近の馬場に向かい、朝日寺の住僧最鎮、法議、鎮世らに相談すると一夜にして松が生え、林となった。さらに綾子の一族、寺主の満増、星河、秋永らと力を合わせ、この地に社を造ることになった。
第四段　虫喰和歌
円融院の御世に、焼亡した内裏を再建する折、紫宸殿の裏板に虫が食って和歌が記されるという出来事があった。
第五段　官位追贈
一条院の御時、道真に正一位左大臣が追贈されたが、神慮にかなわぬとして改めて正一位太政大臣を追贈した。
第六段　待賢門院女房
待賢門院がまだ鳥羽天皇の中宮だったとき、ある女房の衣が盗まれ、疑いをかけられた女房が七日間北野社に参籠すると、敷島という下仕えの女が盗んだ衣を被いて鳥羽院の御前で狂い回った。
第七段　世尊寺阿闍梨仁俊
ある女の讒言を受けた仁俊という僧が北野社に参籠すると、その女が御所で自らの罪を告白し、踊り狂った。院の命で仁俊が呪法をかけるとその女は正気を取り戻した。
第八段　仁和寺阿闍梨
北野社の神輿が西京の御旅所にあったとき、仁和寺の阿闍梨が牛車に乗ったまま通りかかると、たちまち牛が倒れ伏して死んでしまった。阿闍梨は病を得て、北野社に詫状を捧げ、命を長らえた。（仁和寺阿闍梨）。八月の祭礼は村上天皇の頃から始まり、朝廷の沙汰として大蔵省が担当した。神威は厳重で、儀式は希代である（八月祭）。

**第九段　仁和寺西念**

後三条院の御時、延久二年（一〇七〇）の頃、仁和寺池上の西念が天神の託宣により往生の日を知り、見事にその素懐を遂げた。

**第十段　銅細工娘（一）**

白河天皇の御世の承保二年（一〇七五）、京都の西七条に貧しい銅細工師がいた。二人の娘は後妻の継母にいじめられ、命を絶とうとしていた。

**第十一段　銅細工娘（二）**

姉妹が北野社に参籠すると、ちょうど参籠していた播磨守有忠と姉が結ばれ、妹も宮仕えをして、父母の供養ができるようになった。

**第十二段　銅細工娘（三）**

天神の利生によりこの姉は播磨守の妻となり、大変富み栄え、父母のために堂塔を造り、後には出家して往生を遂げた。

**奥書**

いささかの願があるため、天満天神の利生等を「丹青」すなわち絵三軸に表わすとし、宝殿に納めた後は再び外に出さないよう記す。末に「元応屠維之年」元応元年、「玄律大呂告朔之朝」十二月一日朝、「右近将監藤原行長」とある。

## 二　天神縁起絵の研究史

前田本を考える前に、天神縁起絵の研究史を簡単に見ておきたい。天神縁起絵の研究は個別の作品論もさることながら、諸本の系統論の観点から検討が進められてきた[3]。

天神縁起が絵画化される以前、すなわちテキスト段階での縁起文については、二つの伝本が知られる。建久本と建保本である。いずれも北野社僧の宗淵（一七八六〜一八五九）が天神信仰に関わる諸書を集め、文政十一年（一八二八）に成立をみた「北野文叢」に収録された。

建久本は、五条菅家本「天神記」の別称で、奥書に「建久五年十月廿四日書写了」との記述があることから、建久五年（一一九四）に先行伝本を書写したことが知られる。巻頭の「序」、「道真化現」から「仁和寺阿闍梨」、「八月祭」（前田家本の巻下第八段）までの内容を有する。この本文（建久本の参照した伝本）も初発のものではないが、現存する最古の縁起文とされている。

対して建保本は、序文に「一条院の御宇寛弘元年甲辰十月廿一日辛丑の日、はじめて行幸なりしより建保のいまにいたるまで聖主八十二代」とあることから、建保年間（一二一三〜一九）頃の成立と考えられている。建久本の内容に「仁和寺西念」「銅細工娘」（前田家本の巻下第九段から巻末第十二段）を追加し、建久本では「仁和寺阿闍梨」の後、つまり巻尾にあった「八月祭」を「銅細工娘」の後に移動させ、同じく最終の話題としている。

こうした縁起文に基づき、鎌倉時代以降、絵画化が進められる。天神縁起絵の初発的な作例については明らかではないが、現存最古の天神縁起絵は、詞書中に承久元年（一二一九）の年紀を有し、「根本縁起」とも称される承久本（国宝、京都・北野天満宮蔵）である。九巻本で一部は白描画の状態で、詞書を欠く部分も存在し、その成立については不明なところも多い。

これ以降、多くの天神縁起絵が制作されるのだが、その系統については、梅津次郎氏が詞書冒頭の記述から甲、乙、丙の三つに大きく分類した[4]。

甲類は巻頭の詞書が「王城鎮守神々多くましませと」に始まるもので、三類のうち成立もさかのぼり、最も数も多い。承久本をはじめ、後述するように前田本もこの系統に位置し、その他アメリカ・メトロポリタン美術館本（鎌倉時代・十三世紀）、国立歴史民俗博物館本（岩松宮本。南北朝時代・貞治六年［一三六七］）、英賀神社永正本（兵庫・英賀神社蔵。室町時代・永正四年［一五〇七］）などがある。

乙類は「日本我朝は神明の御めくみことにさかりなり」に始まるもので、梅津氏が論考で挙げた津田本（兵庫・津田天満神社蔵。鎌倉時代・永仁六年［一二九八］）、光信本（京都・北野天満宮蔵。室町時代・文亀三年［一五〇三］）のほか、出光美術館本（伊保庄本。室町時代・応永十年［一四〇三］）などがある。

丙類は「漢家本朝霊験不思議一にあらさるなかに」に始まるもので、正嘉二年（一二五八）に成立した正嘉本の本文に拠る作例である[5]。この系統の代表例が弘安本（京都・北野天満宮ほか蔵。鎌倉時代・弘安元年［一二七八］）である。弘安本をほぼそのまま継承したものとして根津美術館本（室町時代・十五世紀）、宮内庁六巻本（国。皇居三の丸尚蔵館収蔵。室町時代・十五世紀）があり、弘安本にさかのぼるものとして建治本（大阪・和泉市久保惣記念美術館ほか蔵。建治三年［一二七七］）がある。また、山口・防府天満宮所蔵の松崎天神縁起絵（松崎本。鎌倉時代・応長元年［一三一一］）は弘安本系統に在地の独自説話を追補した作例として著名である。

梅津氏は先に掲げた論考で、「絵巻は詞と絵と相伴って伝写されることが常態であることは常識的に認められるところであり、詞を中心とする分類は実際的な又基本的なものとして成立し得る」と述べる。ただ、その後の諸本の研究は、天神縁起絵諸本の系統が甲、乙、丙三系統に必ずしも整然と収斂しないことを明らかにしてきた。同じ系統のなかでも、採録する章段そのものに出入りがあり、詞書については部分的に他系統のものが入り込む例もあり、さらに絵については同系統内で大きな枠組みは共有しながらも、細部については相当異なるものとなっており、全く同じ伝本を見出すことは難しい[6]。

## 三　天神縁起絵諸本における前田本の位置

それでは改めて、前田本は天神縁起絵諸本のなかでどのように位置付けられるだろうか。

詞書については、前田本巻上第一段、序の部分は「王城鎮守神（々）おほくましませと当社ハ霊験あらたにまします」に始まり、大枠では承久本をはじめとする甲類の系統に属する。承久本とは、前田本巻中第十一段「延喜帝落飾」までの段の構成、詞書内容など、おおむね一致する（ただし、詞書の区切りが異なる箇所が複数ある）。承久本は巻第七以降詞書を欠き、以降巻第九に至る三巻分が彩色を伴わない白描の状態である。この三巻には、「官位追贈」「仁和寺西念」と思われる画面があるが、そのほとんどは「日蔵六道巡歴」に関連した六道の様子を描く。この部分は天神縁起の本筋を大きく逸脱し、六道世界を詳細に描く別個の作品かのような様相を呈しており、この点において前田本と決定的な相違を見せている（前田本は巻中第十二段の一段分のみを充てる）。

前田本巻上第一段の詞書中には、「爰に一条院御宇寛弘元年きのえたつ十月廿一日かのとのうしの日はしめてこの宮に行幸なりしより建久の今にいたるまて聖主十六代つもるとし月ふたもゝちの春秋をへにけり」、すなわち寛弘元年（一〇〇四）十月の一条天皇の行幸以来、建久の今に至るまで十六代との文言も見える。「建久の今にいたるまて」とあるように、現存最古の縁起文である建久本とのかかわりが考えられるが（ただし、この箇所は建久本では失われている）、先述のように建久本は「仁和寺阿闍梨」（前田本巻下第八段）で終わっている。ゆえに本文としては、「仁和寺西念」「銅細工娘」（前田本巻下第九段から第

『荏柄天神縁起』解説

十二段）を有する伝本に基づき作られたと考えられる。

前田本について最初に詳しく論じた真保亨氏に拠れば、前田本詞書は建久本、ないしは建保本を「ほどよく短縮し、或は一部を書き変えるなどして成ったもの」とする。真保氏に続いて、天神縁起絵諸伝本を広く対象として、網羅的かつ詳細に検討した須賀みほ氏は、前田本、天満神社（和歌浦天満宮）本の双方が参照した天満神社（和歌浦天満宮）本に先行本としての性格が認められ、前田本、天満神社（和歌浦天満宮）本の双方が参照した伝本は、建久本系統に属するもので、後に承久本や乙類系統の詞書に継承される伝本であると指摘する。いずれにせよ、前田本詞書は大枠としては甲類に属し、比較的古い伝本系統に位置付けられることは明らかだろう。

絵についても、真保氏、須賀氏によって検討が進められた。真保氏は甲類の承久本、および丙類の弘安本との構図の比較を全段にわたって行なった。その結果、「荏柄本を承久本の転写という関係にみることは全く無理である」とし、弘安本との関係も「似ているところも幾場面かは指摘」できるものの、「構想の上で基本的な違いが認められよう」と結論する。その上で、甲類に属する永正四年（一五〇七）の英賀神社永正本との一致を指摘し、英賀神社永正本は「荏柄本を祖本とする他の転写本からの転写という見方も可能」で、「荏柄本は天神縁起絵巻の中で、一系統をなすと見做してよいと思われる」とする。加えて、巻下第六段「待賢門院女房」の敷島の着衣の問題などから、前田本は新様の詞書と古様の絵を転写したものとも指摘している。

須賀氏は真保氏の指摘を踏まえながらも、英賀神社永正本は前田本を写したものではなく、前田本の成立ではなく、その祖本の成立を示すという見解である（この点については後に改めて触れる）。つまり、元応元年という年紀は、前田本に由来する古様が認められる伝本を古本とする。その上で天満神社（和歌浦天満宮）本を取り上げ、図様に関しては前田本ときわめて近いものだが、「両本が原本を介して互いに透写関係にあることは考えられない」とし、英賀神社永正本の原本から前田本、天満神社（和歌浦天満宮）本がそれぞれ制作されたと結論する。須賀氏はさらに、前田本の奥書に見られる元応の年紀、および藤原行長の奉納銘が天満神社（和歌浦天満宮）本奥書にも見られるという重要な指摘をしている。

以上の先行研究を踏まえるならば、前田本は詞書としては甲類に属するが、絵については英賀神社永正本、天満神社（和歌浦天満宮）本と特に近い関係にあることが分かる。ここではこれ以上系統論に踏み込まないが、前田本もまた他の天神縁起絵諸本同様、詞書、絵ともに複雑な系統に位置付けられることは明らかである。

こうした点は、中世において天神縁起絵を作ろうとした際、詞書と絵が巻子状に仕立てられた先行本に基づき、新たに絵巻が作られたとは必ずしも言えないことを物語る。先に掲げたように、梅津氏が想定されたような「詞と絵と相伴って伝写されることが常態」という見方は再考が必要と言えるだろう。あるいは、詞書と絵は別の巻物なり冊子なりに仕立てられたものから写されたとも考えられる。ある場にいくつかのバージョンの伝本が存在すれば、そこから取捨選択も可能であったのかもしれない。むろん、同一個所にいくつもの系統の伝本があったとは考えがたいが（例外は北野社であろう）、こうした詞書と絵の系統のズレの発生は、それぞれの伝本の関係が比較的緩やかだった中世の状況を物語っている。むしろ、新たに絵巻制作をしようとした際、発願者本人、あるいは絵巻制作を請け負ったプロデューサー的な立場の人間が絵巻制作をしようとした際、発願者本人、あるいは絵巻制作を請け負ったプロデューサー的な立場の人間が絵巻制作のための伝本にアクセスできる伝本の範囲こそ問題となってくるに違いない。「同一系統にある」という問題は、こうした視点から再考を進めていく必要があるはずである。

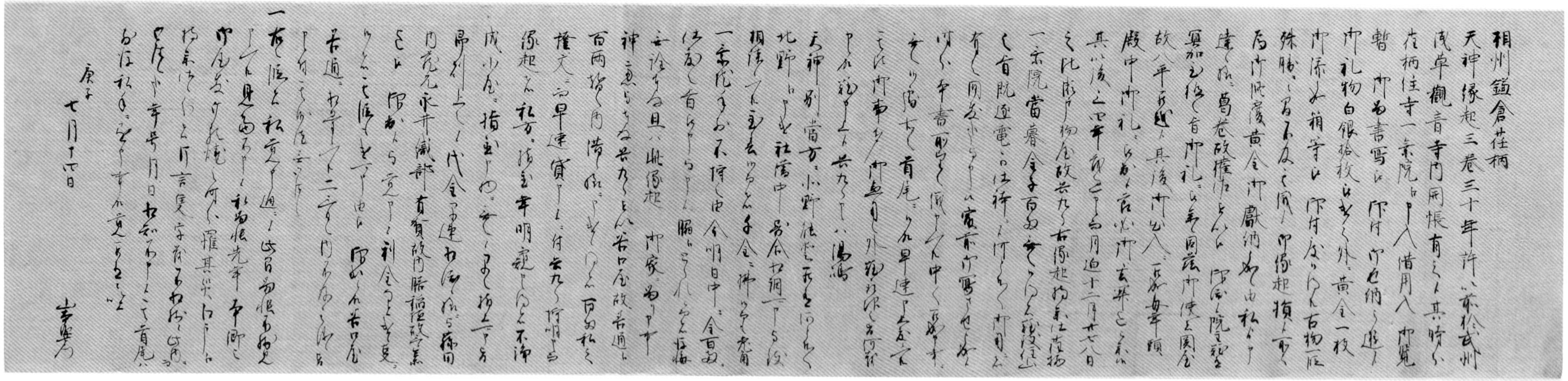

挿図３　山本基庸覚書　前田育徳会蔵

## 四　前田本の伝来

前田本を「荏柄天神縁起」と呼ぶのは、先にも触れた旧箱に「荏柄天神縁起函」「鎌倉荏柄天神御縁起」「鎌倉荏柄天神御縁起」といった銘があることに拠る。だが、三巻のなかに、鎌倉の荏柄天神社に関する内容はなく、外題や内題にもこのような書き込みは認められない。真保亨氏は各巻の紙背に「相州鎌倉荏柄天神宮縁起」の墨書の痕跡があると指摘するが[10]、改めて精査したが確認することができなかった。

荏柄天神社は鎌倉・二階堂にある天神社で、長治元年（一一〇四）の創建と伝わる（『荏柄天満宮略縁起』）。『吾妻鏡』建仁二年（一二〇二）九月十一日条には、荏柄社祭において源頼家が大江広元を奉幣使として遣わしたとする記事があり、これが記録に載る最も古い記事のようである（この年は菅原道真三百年忌にあたる）[11]。ただし、荏柄天神社の記録等に前田本に関する記述は無いようで、成立から中世期における本作の伝来については明らかではない。

さて、改めて旧内箱の身の底に記された「願主藤原朝臣／鎌倉荏柄天神御縁起／本多備中守忠卿（郷）」に注目したい。これは「鎌倉荏柄天神御縁起」の箱を新調した際の銘と思われるが、この人名について、吉野富雄氏はこれを「忠郷」と読み[12]、太田晶二郎氏は「忠卿」と読んだ[13]。吉野氏は、文化六年（一八〇九）成立、田畑吉正によってまとめられた江戸期の断絶した諸家譜を記す『断家譜』の記述を引きながら、延宝六年（一六七八）に家督を継ぎ、天和三年（一六八三）に病没した本多忠郷を充てる。この忠郷は近江膳所藩主本多俊次（一五九五～一六六八）の孫、土佐守忠隆の子である。太田氏は出典を明記されないが、「忠卿」を別名「忠吉」として天和三年没としているため、同一人物を指すようである。ただ、『寛政重修諸家譜』などで本多「忠郷」、もしくは「忠卿」「忠吉」で「備中守」は私見の限り確認できなかった。なお、本多忠勝孫、忠政次男である政朝（一六〇〇～三八）も「忠郷」を名乗っている。本論では「本多備中守忠卿（郷）」を特定することは留保しておくが、この旧内箱の制作は少なくとも江戸時代以降のものとみて間違いないだろう[14]。

その後、荏柄天神社から前田家への収蔵の経緯については、山本基庸による覚書が本作の付属資料として伝来し、貴重な情報を提供してくれる(15)（挿図３）。山本基庸（一六五七～一七二五）は加賀前田家に仕える藩士で、書の名家である世尊寺家を再興した持明院基時に学んで独自の書風を確立し、この頃の前田家の文事を担った人物である。

　それによれば、この絵巻は三十年ほど前に浅草寺で出開帳があったとき、荏柄天神社別当である「荏柄住寺一乗院」から借用し、藩主前田綱紀の御覧に入れ、書写を仰せ付けられた。返却の際に礼物として「白銀拾枚」「黄金一枚」を添え、箱を新調したいが「古物一段殊勝」ゆえに、縁起を修理する際には援助しようとの綱紀の言葉を伝えたところ院主は大変喜び、その後年頭の挨拶にも来るようになった。それから三、四年たった十二月二十七、八日の頃、瀬戸物屋兵九郎がこの縁起を持参し、一乗院主が金子百両を用立ててくれるよう言っているとのことだった。年末のことで綱紀の意向をうかがうこともかなわない。そこで基庸の一存で谷口屋善通から百両を借り入れ、入手するに至ったというものである。

　文中の「庚子」は享保五年（一七二〇）に相当し、「荏柄住寺一乗院」から前田家へ本絵巻が移譲されたのは十七世紀末頃のことと思われる。この経緯について、基庸は本郷屋敷の類焼により留帳も失われ、正確な年代を記せないと記している。ただ、この収蔵年代については、東京国立博物館の「荏柄天神縁起絵（模本）」が参考となる。本模本は前田本三巻の絵のみを抜き写したもので、狩野晴川院養信によるものである。巻上を天保十年（一八三九）、巻中を天保十一年、巻下を天保十二年に写した旨が各巻末に記されるが、巻下の末には「右縁起巻物三巻住吉内記所持之模本」とあり、住吉弘貫所蔵模本を写したことが分かる（挿図４）。さらにこの奥書の手前には、「此縁起荏柄天神宝物也　元禄六酉三月写之　住吉内記」の墨書が養信とは異なる書風で記されている。これは養信が参照した伝本に記されていた本奥書である。つまり養信が借用した「住吉内記所持之模本」は、元禄六年（一六九三）、住吉具慶が写したもので、その当時は「荏柄天神宝物」であったことが判明する(16)。すなわち、前田本は少なくとも元禄六年三月までは荏柄天神社所蔵で、前田家へ収蔵されたのはその後ということになる。具慶が写したことを踏まえると、元禄六年段階でこの絵巻は鎌倉ではなく、江戸に保管されていた可能性が高く(17)、写しを作成したのが浅草寺出開帳の後であったと考えれば、年代的にも矛盾がない。あるいは山本基庸覚書にあるように、前田家がこの絵巻を借用していた際に具慶が写した可能性もあるだろう。いずれにせよ、前田本が前田家へ移されたのは元禄六年からそう隔たらない時期であったと推察されよう(18)。

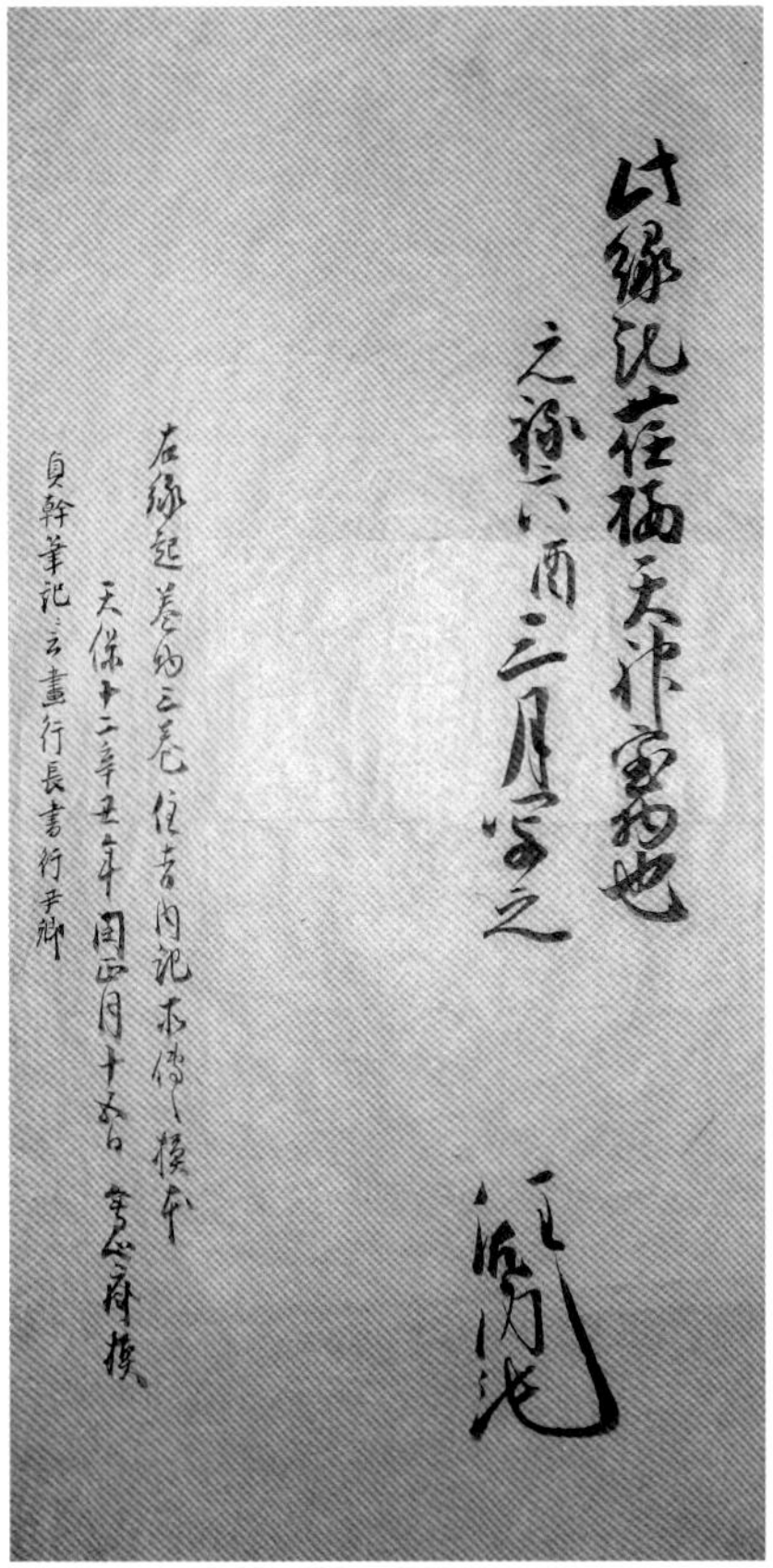

挿図４　荏柄天神縁起絵（模本）巻下
東京国立博物館蔵

## 五　前田本成立の背景　―天満神社（和歌浦天満宮）本との関係から―

　以上見てきたように、前田本は少なくとも元禄六年（一六九三）には荏柄天神社の所蔵であり、それ以降、十七世紀末から十八世紀初頭に前田家の所蔵するところとなった。ただそれ以前、いつから荏柄天神社にあったのかは不明な点が多い。従来の研究では、制作の段階で荏柄天神社に奉納されたとの見解が一

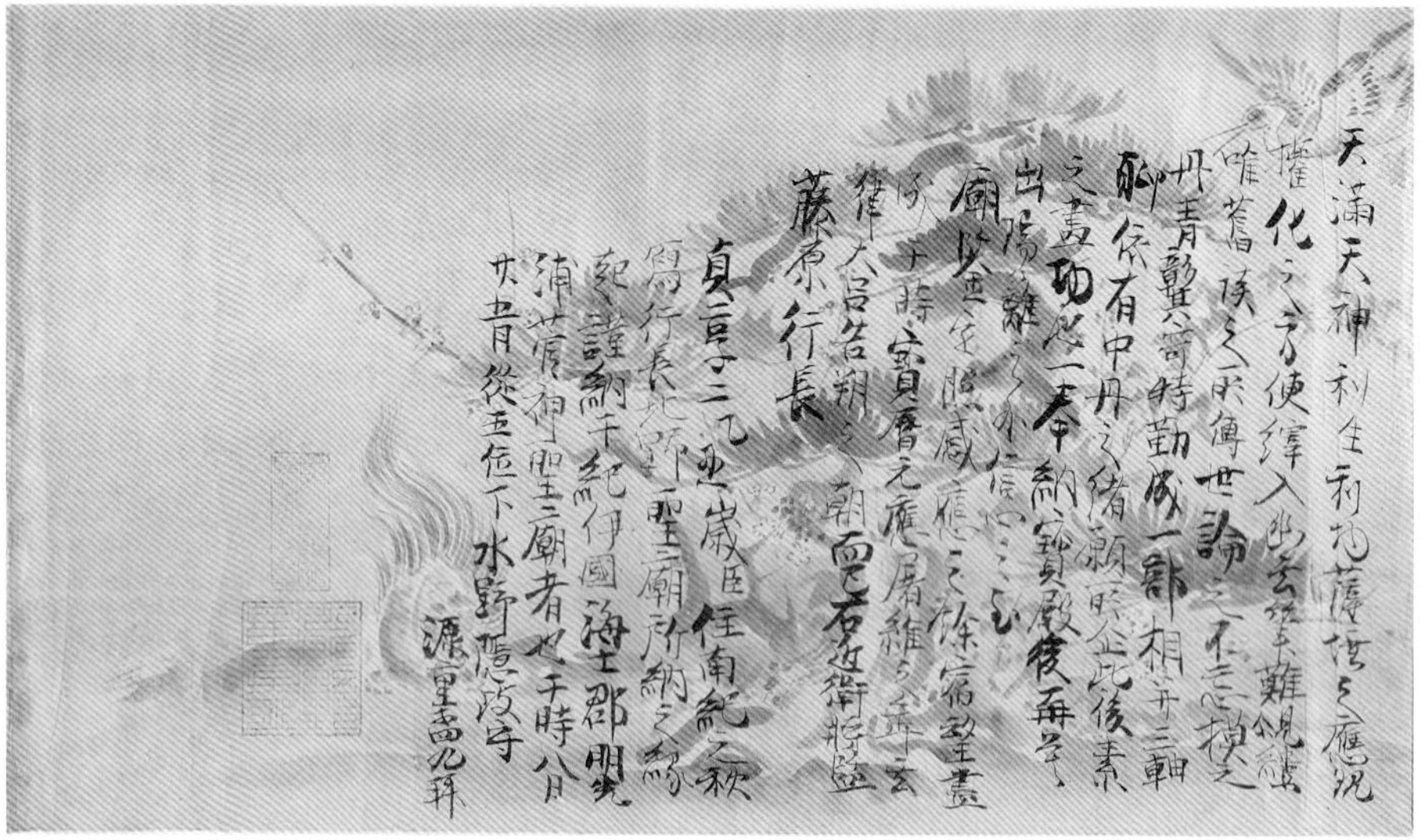

挿図5　天満神社（和歌浦天満宮）本　巻下奥書　天満神社（和歌浦天満宮）蔵

挿図6　天満神社（和歌浦天満宮）本　巻上第一段詞書「紀南源孟士」の白文方印　天満神社（和歌浦天満宮）蔵

挿図7　天満神社（和歌浦天満宮）本　各巻表紙の題箋　天満神社（和歌浦天満宮）蔵

般的だった。それは前田本奥書に記された「右近将監藤原行長」の解釈による。

この人物については、かつてはこれを絵師である土佐行長に充て、彼が自ら絵を描き奉納したとする説がとなえられてきた。(19) 対してこの人物を奉納者として位置付け、荏柄天神社のある二階堂の地とのゆかりから、鎌倉幕府の政所執事などを務めた二階堂氏の行長であるとの説が提示された。(20) これによれば、奥書にある元応元年（一三一九）、藤原行長が鎌倉・二階堂の荏柄天神社に奉納すべく本絵巻を制作したということになる。

これらに対し、前田本とほぼ同じ詞書本文、画面構成を持つ天満神社（和歌浦天満宮）本との比較から、前田本成立について重要な指摘をしたのが須賀みほ氏である。(21) 先に見たように、須賀氏は天満神社（和歌浦天満宮）本は前田本を直接写したのではなく、前田本の祖本に相当する伝本から作られたとした。さらに、天満神社（和歌浦天満宮）本の巻下の末には前田本奥書と同文の奥書が記され、(22) それに次いで同筆で本作の制作事情が記される（挿図5）。

貞享二乙丑歳臣住南紀之秋
写行長北野聖廟所納之縁
起謹納于紀伊国海士郡明光
浦菅神聖廟者也于時八月
廿五日従五位下水野隠岐守
源重孟九拝

この記述から、天満神社（和歌浦天満宮）本は貞享二年（一六八五）、水野重孟（一六四五～一七一六）が「紀伊国海士郡明光浦菅神聖廟」すなわち今日の天満神社（和歌浦天満宮）に奉納したことが知られる。(23) 重孟は紀州藩御附家老・新宮領主水野重良三男で、兄・重上の養子となるが元禄十三年（一七〇〇）廃嫡され、その後は紀州藩の家老に取り立てられた人物である。各巻の第一紙、巻頭詞書の右肩には「紀南源孟士」の白文方印が押され（挿図6）、詞書も全巻一筆のようで奥書の書風とも近いものがあり、あるいは全三巻の詞書を重孟自ら染めているのかもしれない。天満神社（和歌浦天満宮）本を収める箱蓋裏には「外題　妙法院宮尭延親王御筆」と墨書されており、各巻の「天満宮縁起　上（中・下）」の題箋は（挿図7）、霊元天皇第五皇子尭延入道親王（一六七七～一七一九）筆のようである。絵はおおらかさを感じさ

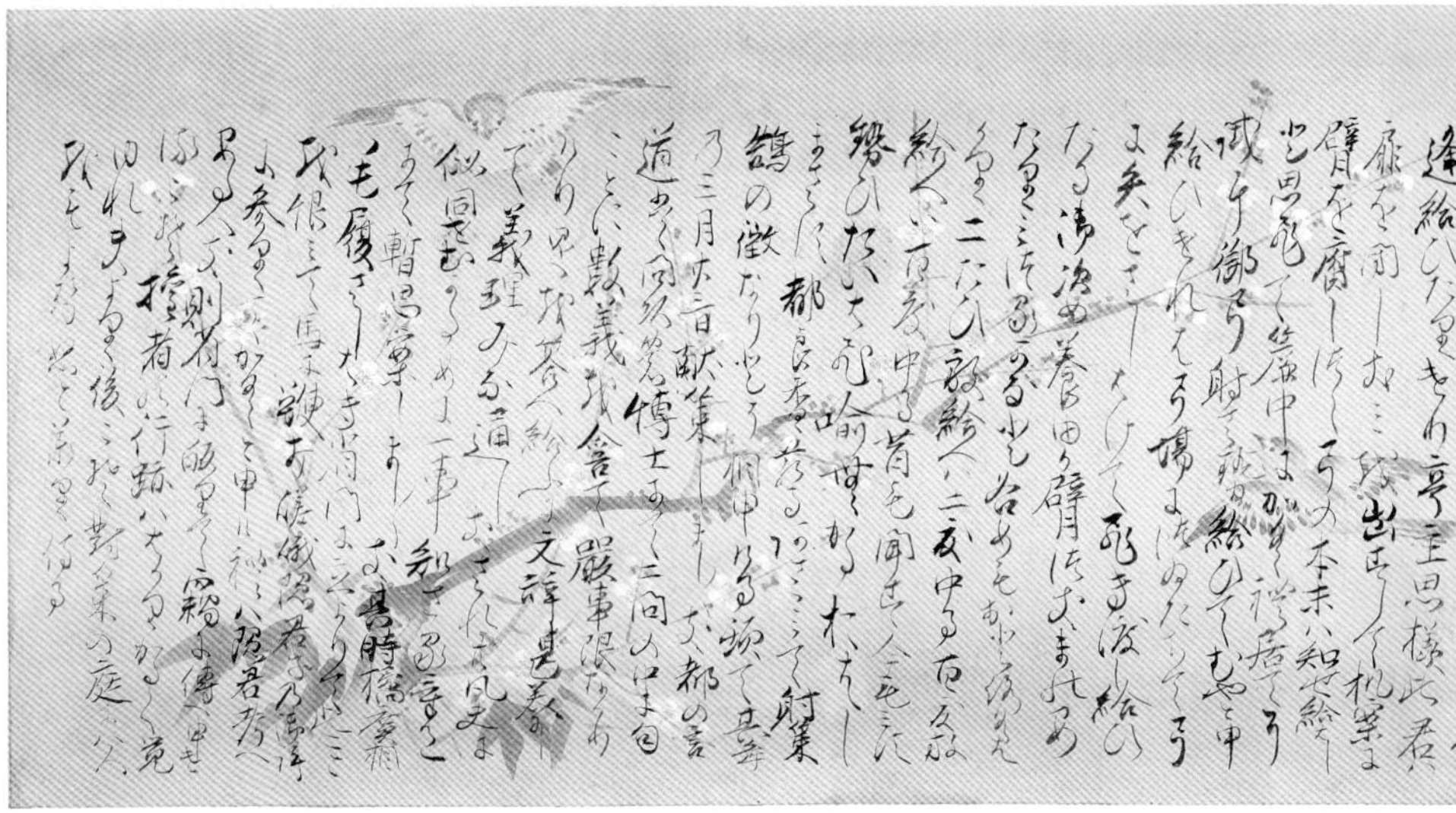

挿図8　天満神社（和歌浦天満宮）本　巻上第四段
天満神社（和歌浦天満宮）蔵

せながらも先行伝本を正しく継承する態度が濃厚で、詞書には下絵が描かれ（挿図8）、大変華やかである。なお、天満神社（和歌浦天満宮）本には一部に錯簡が認められる[24]。

改めて、この天満神社（和歌浦天満宮）本で重要なのが奥書の「写行長北野聖廟所納之縁起」の記述である。つまり行長が北野聖廟に納めた縁起を写して、天満神社に納めたというのである。重孟の奉納銘の前に前田本と同文の行長奉納銘が写されていることも含め、天満神社（和歌浦天満宮）本は貞享二年段階で北野社にあった行長奥書本を写したということになる。これらの点から須賀氏は、元応元年、藤原行長が制作した伝本は北野社に奉納され、そこから前田本、天満神社（和歌浦天満宮）本がそれぞれ制作されたとの見解を示した。つまり、従来前田本の制作年代とされてきた元応元年、奉納者とみられてきた藤原行長はこの祖本に相当する伝本の情報で、前田本の制作はそれ以降だというのである。

先にも見たように、少なくとも元禄六年段階で前田本は「荏柄天神宝物」だった。貞享二年から十年弱の間に北野社から荏柄天神社へ所蔵が移り、本多備中守による箱が新調され、さらに浅草寺出開帳に出たと考えるならば、前田本に基づき天満神社（和歌浦天満宮）本が制作されたと考えることもできようが、可能性としては低そうである。つまり天満神社（和歌浦天満宮）本が参照した「行長北野聖廟所納之縁起」は前田本とは別の作品（これを「元応本」と呼ぶ）だったことになり、同様に前田本も北野社にあった「元応本」に基づき制作されたと考えるよりほかなさそうである。

このように、前田本には先行する「元応本」が存在し

挿図9　前田本　巻下奥書「行長」　（本文一四三頁）

ていた可能性が考えられるが、前田本が本当にオリジナルの祖本ではないのか、疑問が残らないでもない。

一つには下描きと本画における画面の変更の問題が挙げられる。例えば巻中第一段「恩賜御衣」では、道真の近くに置かれた白い巻物のそばに薄墨の下描き線が見える。前田本においては、このような下描きから本画になる段階で若干変更された箇所がいくつか散見される。もし先行伝本をそのまま継承したならばこうした下描きと本画でズレが生じることはないようにも思われる。

いま一つが、前田本奥書の墨書をめぐる問題である。この奥書のなかで「行長」の二字のみが墨色も書風も異なることは明らかである（挿図9）。奥書の冒頭から「藤原」まではやや墨色が薄く、穂先の若干広がった筆を用いたかのような印象を受ける。対して「行長」は、この二文字だけでは比較が難しいが、少なくとも墨色が濃く、別筆と認められよう。この違いは、奉納銘部分から「藤原」まで能書家が染め、最後の名の部分のみを奉納者本人が入れたと考えるのが妥当だろう。この奥書が「元応本」の記述をそのまま引き写したものとするならばこのような違いが生じることはないはずだ。

これらをどのように解釈するかは、いくつかの選択肢がある。一つは、元応元年、藤原行長が同文の奥書を付した「元応本」と前田本に相当するほとんど同じ内容の二つの天神縁起絵を制作し、京都の北野社と鎌倉の荏柄天神社それぞれに奉納したという可能性。いま一つが、北野社にあったと考えられる「元応本」は「行長」の奥書も含めた伝本であったが、それは前田本制作時に作られた中描き、あるいは稿本的なもので、そこから天満神社（和歌浦天満宮）本が作られたという可能性である。結論については留保するが、これらについては詞書、絵の系統論からの改めての検討が求められる。

## 六　前田本と天満神社（和歌浦天満宮）本の図様

これまで見てきたように、前田本の位置を考える上では、前田本と天満神社（和歌浦天満宮）本の図様について改めて検討する必要がある。須賀氏は両本の絵について、「その表現には差があるが、図様に関してはきわめて近いものであると言うことができる」とする。ただ、細部において若干の違いが存在するのも確かである。これについては、両本の祖本に想定される「元応本」の存在を踏まえたとき、あるモチーフの表現の違い、あるいは有無が、前田本、天満神社（和歌浦天満宮）本どちらが原本を改変、省略、もしくは追補したのか、もしくは単なる写し崩れなのかなど、それぞれ異なり、複雑である。

例えば、巻上第三段「大戒論序」で、是善、道真を訪れた安慧が手に持つものについて。前田本は右手に扇を、左手に独鈷を持つが（挿図10）、天満神社（和歌浦天満宮）本は両手に扇とも独鈷とも見えるものを持っている（挿図11）。これは天満神社（和歌浦天満宮）本における写し崩れと判断される。また、天満神社（和歌浦天満宮）本巻上の巻末、第十一段「船出配流」の場面の後には波濤、海辺を行く人物、松林がある。これは天満神社（和歌浦天満宮）本の独自場面とみなしうるだろう（挿図12）。あるいは、天満神社のある和歌浦を意識した場面と解せるかも知れない。

こうした天満神社（和歌浦天満宮）本制作時の個別の問題とともに、この両本の系統論や祖本論にかかわる差異もある。巻上第五段「吉祥院五十賀」における砂金と願文を献上した「わらうつは、きしたるおきな」について見てみよう。前田本は藁草履を履いた黒髪の壮年と思われる人物なのに対し（挿図13）、天満神社（和歌浦天満宮）本は素足で白髪を交えた老相の人物となっており（挿図14）、「おきな」としては天満神社（和歌浦天満宮）本がふさわしいように思われる。ただ、天満神社（和歌浦天満宮）本のような老相の姿は弘安本や松崎本など丙類のわずかな作例に見られるのみで、承久本をはじめ甲類系統では前田本と同じく壮年の姿が多い[25]。巻中第八段「時平薨去」のように、天満神社（和歌浦天満宮）本はじめほとんど全ての伝本が浄蔵の姿を僧形としているのに対し（挿図15）、前田本は修験者の姿で描くなど（挿図16）、前田本が独自の表現をするものもある。これらの点は単なる写し崩れやそれぞれの制作時における独自の改編にとどまらない、両者の参照伝本についての問題を投げかけている。

加えて、前田本、天満神社（和歌浦天満宮）本の最も大きな違いは、巻下の巻末部分である。前田本は銅細工娘の話（一）から（三）を第十段から第十二段までの三段にわたり構成する。対して天満神社（和歌浦天満宮）本は、（一）と（二）の詞書を連続させ、（三）は料紙を改めて記し、絵は料紙を分けることなく、前田本の三段分を連続して描いている（挿図17）。そのため、天満神社（和歌浦天満宮）本は全三十四段構成となっている。この話は確かに、段を分けずに連続しても問題はなく、どちらが原初的な形態であったのかは検討を要する。

これら両本の差異にこそ、「元応本」と前田本の関係を考える手掛かりが存在するはずである。

挿図10　前田本　巻上第三段　（本文一七頁）

挿図11　天満神社（和歌浦天満宮）本　巻上第三段　天満神社（和歌浦天満宮）蔵

挿図13　前田本　巻上第五段　（本文二四頁）

挿図14　天満神社（和歌浦天満宮）本　巻上第五段　天満神社（和歌浦天満宮）蔵

挿図15　天満神社（和歌浦天満宮）本　巻中第八段　天満神社（和歌浦天満宮）蔵

挿図16　前田本　巻中第八段　（本文七八頁）

挿図12　天満神社（和歌浦天満宮）本　巻上第十一段　天満神社（和歌浦天満宮）蔵

挿図 17　天満神社（和歌浦天満宮）本　巻下第十段　天満神社（和歌浦天満宮）蔵

## 七　前田本の様式史的位置

前田本に見られる奥書自体が「元応本」の記述であるとするならば、前田本は北野社にあった「元応本」に基づき、元応元年（一三一九）以降に制作されたということになる。「藤原行長」に相当する発願者、制作当初から荏柄天神社に奉納されたのか否かなど、前田本の具体的な制作背景についての手掛かりは全くなくなってしまった。残された課題は、前田本自体の制作年代の検討だろう。

詞書については、全巻一筆のように見受けられ、その上で詞書と奥書、そして「行長」の二字の書風はそれぞれ異なるように思われるが、いま具体的な染筆者の名を挙げることはできない。それでは絵については、なにか手掛かりはないだろうか。前田本の様式について、真保亨氏は「鎌倉在住の絵師の筆になった」可能性を指摘しながらも、「堅実な中央の画風」と位置付ける。[26] 須賀みほ氏は「その元本としての元応本からそう隔たることのない時期、おそらくは京都で転写されたもの」とする。[27] 両氏とも、具体的な作品との比較により、踏み込んだ議論はされていない。

前田本が「元応本」を参照したとするならば、画面の構図については先行本の影響下にあるとみて、前田本独自のスタイルとはみなしえず、彩色の態度や線描等が鍵となる。前田本の絵師も、よく見ていくと三手ほどのグループに分類できるように思われるが、全体は同一の特徴を指向した工房によって制作されたとの印象を受ける。その画面の特色は、明快で比較的濃彩な彩色に白色の顔料を多用する点、メリハリのきいた太い輪郭線などである。彩色については、特に山景の表現で緑青、群青を塗り込める点に特徴がある。線描については、特に衣の輪郭線を太く引く表現が目立つ。

元応元年の前後、鎌倉時代後期の絵巻作品を見渡すならば、延慶二年（一三〇九）頃成立の「春日権現験記絵」を描いた高階隆兼が宮廷絵所預在任中だが、この隆兼と前田本の様式は全く異なる。以後、南北朝を経て室町時代に至り、宮廷絵所預に就任した土佐派歴代の様式とも隔たりがある。どうやらこれらの系譜とは異なる絵師集団による制作であることがうかがわれる。前田本に近い表現を有する作品として、今回二点の作品を挙げておきたい。

一つは唐招提寺所蔵の「東征伝絵」である。本絵巻は永仁六年（一二九八）八月、極楽寺の忍性が発願し、唐招提寺に納められた鑑真の伝記を描く絵巻である。先に掲げた前田本における彩色や線描の特徴が全体に通ずるところがある。なかでも巻第一第三段、揚州大明寺で鑑真が経論を講ずると三目六臂の般若仙を名乗る護法神が出現したとする話で描かれる般若仙の姿は、前田本巻中第十二段に登場する蔵王権現の姿ときわめて近い。各巻の奥書に拠れば、「東征伝絵」の絵は六郎兵衛入道蓮行筆とされ、忍性の所縁から鎌倉在住の絵師とされてきたが、確証はない。年代的には、「東征伝絵」と前田本では成立年代の隔たりが若干あると思われるが、両者の表現の共有は特筆されるべきものである。

いま一つ、前田本と近い様式を持つと思われる作例を挙げておく。知恩院所蔵の「法然上人絵伝（四十八巻伝）」である。本作は全四十八巻、二三五段から成り、日本絵巻史上最大規模を誇る作例である。画風も書風も相当ならばらつきがあり、その成立事情については不明な点も多いが、元あった九巻本法然上人絵伝に記事を増補することで四十八巻が構成されたとする島田修二郎氏の見解が説得力を持つ。[28] それゆえ、初期段階での制作と最終的な制作には時代的な隔たりがあるが、十四世紀半ば頃には成立していたと考えられている。

さて、この四十八巻伝の絵師については、島田氏が十二人、[29] 小松茂美氏が十八人[30]に分かれるとの見解を示している。なかでも島田氏が「A」、小松氏が「第二筆」とする絵師のグループとの表現上の近似に着目したい。島田氏、小松氏の見解のなかでも意見の分かれる段もあるが、[31] この画風を持つグループを相澤正彦氏に倣って「I系」としておく。[32] この「I系」は四十八巻伝の巻第十あたりまでに多くみられ、この絵巻の主要絵師の一人に数えることができる。「I系」のなかでも、若干の画風の違いが指摘できるように思われ、とりわけ巻第二第二段、同第三段、巻第三第二段、巻第六第二段、同第三段、同第七段、巻第七第三段、巻第八第四段、巻第十第四段、巻段十三第三段、巻第十九第三段、巻第二十五第一段、巻第三十第四段、同第五段、巻第三十六第三段は同一の絵師グループによって描かれた段と思われる。先に見た前田本の様式的特徴をこれらの段に見出すことも可能である。

本論では、細かな様式比較にまで踏み込まないが、前田本が元応元年以降に制作されたとしても、四十八巻伝の成立年代である十四世紀半ば頃までをその制作の下限ととらえることができるのではないか。あわせて、四十八巻伝は京都で制作されたと考えられる。これらの点からも、先行研究で真保氏、須賀氏が指摘したように、前田本は元応元年からそう隔たらない時期、京都で制作されたとみて間違いないだろう。

## おわりに

改めて、鎌倉・荏柄天神社の宝物であった「荏柄天神縁起」は、なぜ前田家に伝えられることになったのか。先に見たように、その具体的な経緯は山本基庸覚書に詳しいが、基庸は藩主前田綱紀の許可を得る前に百両もの大金を用立て、この縁起を入手している。そこには、綱紀が必ずや百両を出すという確信があったはずである。その「自信」の源はどこにあったのか。

前田家はもともと源姓を名乗っていたようだが、家紋に梅鉢文を用い、菅原姓を名乗ることになり、天神信仰を深めていった。その転換点が三代当主利常（一五九四〜一六五八）にあったようで、この頃から菅原姓に強いこだわりを持ち始めたことが家譜類からうかがえる。父・光高の急死により三歳で家督を継ぎ、祖父・利常の後見を受けた綱紀にとって、前田家、そして自身が菅原道真後裔であるという意識は幼時よりすり込まれていたはずだ。綱紀は、元禄二年（一六八九）に道真の伝記を記した「菅家伝」を、またその後に「菅家伝」の続編ともいえる「聖廟雑記」を書写させ、自ら外題と識語を記している。[33] しかも、これらの伝記類は「鎌倉荏柄天神別当一乗院所持」（「菅家伝」識語）、「鎌倉荏柄天神別当一乗院蔵書」（「聖廟雑記」識語）とあり、前田本の旧蔵者である荏柄天神社一乗院の蔵本だった。

加えて、現在「荏柄天神縁起」には、上中下各巻の詞書巻頭を抜き写した文書が付属品として伝来する（挿図18）。この書は前田綱紀筆として間違いなく、本絵巻が前田家へ収蔵されたのち、写された可能性が高いという。[34] 菅原姓であることをアピールしてきた前田家において、天神縁起絵の古本を迎えるには何ら問題は生じない、基庸はそう考えたはずである。こうした綱紀と基庸の感覚の一致が、この貴重な作品を

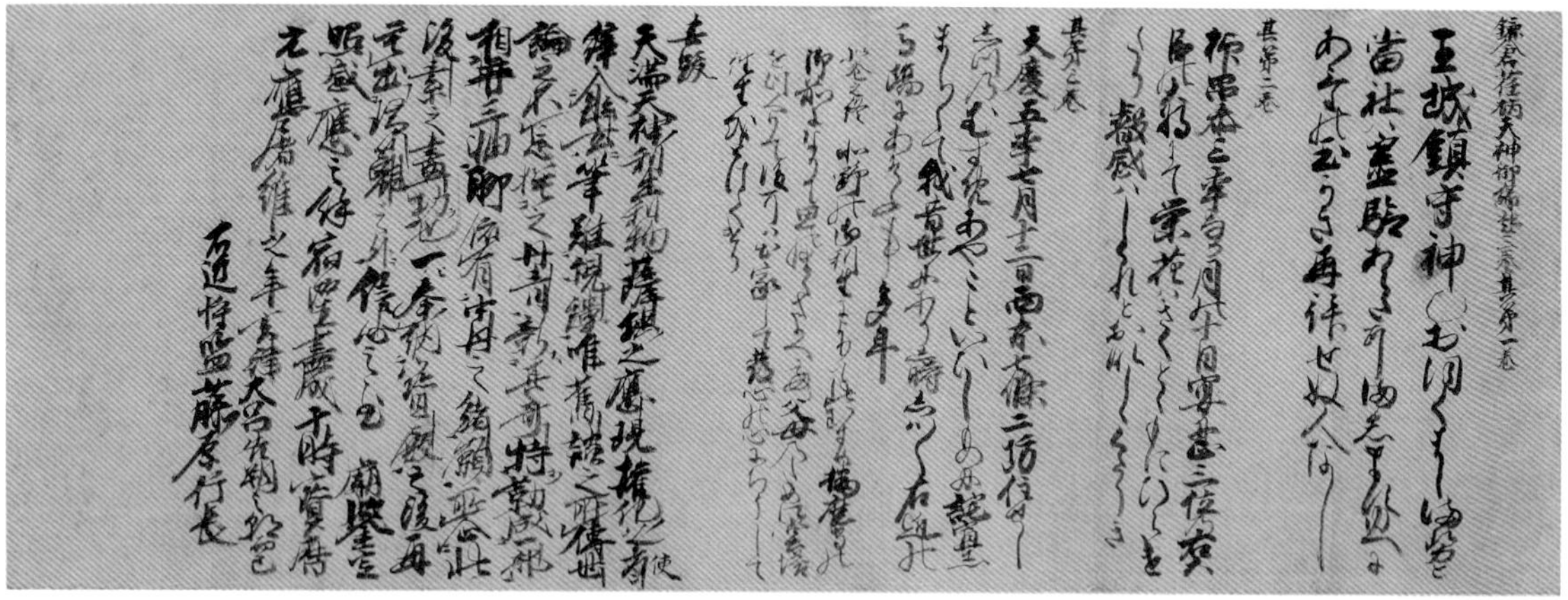

挿図18　前田綱紀覚書　前田育徳会蔵

前田家へもたらしめた最大の要因ということができるだろう。

最後に、綱紀時代の前田家と荏柄天神社の関係を明示する重要史料を紹介しておく(35)。加賀藩書物奉行であった津田太郎兵衛光吉による「相州鎌倉書籍等捜索書」である。本史料は、延宝五年（一六七七）十月から十二月にかけて、津田が鎌倉所在の社寺の宝物調査を行なった際の記録で、森田平次編『松雲公採集遺編類纂』（金沢市立玉川図書館近世史料館蔵）に収録されている。津田は鶴岡八幡宮、円覚寺、建長寺などとともに、荏柄天神社も訪れている。「於鎌倉見聞之書物等覚」としてまとめられた宝物一覧の「荏柄天神」の項には「一、御縁起 行能 土佐」とあり、延宝五年段階で前田本が鎌倉の荏柄天神社にあったことは確かである。

さらに、十二月一日付の覚では「一、荏柄ニ御座候天神縁起借請候て、修復仕表紙付替、箱仕可上之由申候へハ、火事之時分余人ニ渡遣候事、無心許候間、私江戸へ罷帰候時分、相渡可遣由被申候」、十二月七日付の覚では「一、荏柄天神御縁起此度持参可仕之由、所望仕候へハ、公方様入上覧申候御縁起之事ニ候故、火事之時分江戸へ遣、若不慮ノ火難も候へハ、一乗院不念之様ニ候間、此度ハ遣申間敷候、来春二三月比、一乗院江戸へ罷出候次而も候、其時分ハ火事も必安御座候間、持参可仕由ニて、此度者借給不被申候」とある。表紙の付け替え、箱新調のために天神縁起を借り受けたいとの津田の申し出に、荏柄天神社側は「火事之時分」であることを理由に「来春二三月比」への延期を伝えている。実際この時、表紙と箱が改められたのか確かではないが、「公方様入上覧申候御縁起」とあることと何か関係があるのかもしれない。山本基庸の覚書にあった、浅草寺出開帳の後の前田本の借覧、そして最終的に前田家が本縁起を取得するに至ったのは、津田による「鎌倉書籍等捜索」の成果の一つだったと言うことができるだろう。

これまで見てきたように、前田本については先行する「元応本」の存在が濃厚のようだが、この系譜を引く諸作例においては現存最古の伝本として、さらには承久本をはじめとする甲類系統においても、全段の詞書と絵を有する最古級の貴重な作例であり、天神縁起絵諸本において重要な位置を占めることは改めて確認されたと思われる。

しかしながら、前田本をめぐっては残された課題もまた多い。元応元年（一三一九）、北野社に「元応本」を奉納した藤原行長は、先行研究でも注目されてきた二階堂行長なのか否か。前田本はいつ、誰によって荏柄天神社に奉納されたのか。前田本が「元応本」を写したとするならば、なぜ「元応本」の奥書をそのまま写し、新たな奉納銘を記さなかったのか。奥書の「行長」の墨色が異なることの意味は何か。詞書の書風はどのように位置付けられるのか。

これら前田本をめぐる本格的な研究はこれから始まるとしても過言ではない。本書掲載の図版をもとに、より活発な議論が進められることが期待される。

〔付記〕

天満神社（和歌浦天満宮）本につきましては、前田本との比較のため、全巻の画像を拝借することがかない、掲載についても御高配を賜りました。天満神社宮司小板政規様に改めて感謝申し上げるとともに、画像を御提供いただいた島田和様はじめ和歌山県立博物館の皆様に御礼申し上げます。加えて、前田育徳会当局のご理解、とりわけ菊池浩幸様、柳田甫様の御力添えに改めて深謝申し上げます。

【注】

(1) ただし、巻中第三段、第四段、第七段をはじめ、特に巻中に詞書料紙を短く切り詰めた箇所も散見される。

(2) 天神縁起絵諸段の名称はさまざまに呼びならわされ、統一的な段名が存在しない。本論では、先行研究で用いられてきた段名から簡明を旨として選択し、用いることとした。あわせて、詞書で複数の事跡に触れている場合も、絵画化された場面に代表して章段名を記した（詞書で複数事跡が記される場合は、丸括弧内に章段名を示した）。

(3) 天神縁起絵諸本を広い立場から論じたものに以下の著作があり、絵画化以前の縁起文についてもこれらの論考によるところが大きい。真保亨『北野天神縁起（日本の美術二九九）』（至文堂、一九九一年四月）、同『北野聖廟絵の研究』（中央公論美術出版、一九九四年二月）、須賀みほ『天神縁起の系譜』（中央公論美術出版、二〇〇四年四月）。

(4) 梅津次郎「天神縁起絵巻—津田本と光信本—」（『美術研究』一二六号、一九四二年九月）。

(5) 正嘉本については、梅津次郎「正嘉本天神縁起絵巻に就いて」（『国華』七七九号、一九五七年二月。後に同『絵巻物叢誌』法蔵館、一九七二年二月所収）。

(6) なかでも唯一の例外が丙類の弘安本と根津美術館本、宮内庁六巻本の関係である。弘安本は現在、一部の段が社外へ流出、または散逸してしまっているが、現在確認できる画面構成とこの二伝本は非常に近い関係にある。弘安本は景観描写等が他本に比べて簡潔で、それは弘安本が天神縁起絵を制作する際の稿本的性格をそなえていたためとの指摘もある。つまり「写しやすい伝本」だったということだが、多くの伝本が確認される中世絵巻、例えば遊行上人縁起絵や弘法大師行状絵、親鸞聖人伝絵などを見ると、細部のモチーフの出入りは比較的自由で、これが中世絵巻を転写する際の態度だったと思われる。これを踏まえると弘安本系統の伝本（上記二本に在地縁起部分を除く松崎天神縁起絵も含む）における同一性は特異のことである。根津美術館本、宮内庁六巻本、そして松崎天神縁起絵も、他の天神縁起絵にまま見られる素朴な画系ではなく、正系の都の絵師によるものと推察され、モチーフの省略、追加などはこれらの絵師たちにとって容易なことだったはずである。これは単に「写しやすかった」がゆえのことではなく、弘安本図様が何らかの強い権威を帯びたものと認識されていたためではなかろうか。丙類系統、とりわけ弘安本における強い規範性の問題は天神縁起絵諸本を考える上でも見逃せない重要な点である。

(7) 真保前掲注（3）。

(8) 須賀前掲注（3）。

(9) 同様の指摘は吉田友之氏が英賀神社永正本の分析のなかで述べている。吉田友之「英賀神社蔵永正本天神縁起絵について」（『人文論究』一六-二号、一九六五年七月）。

(10) 真保前掲注（3）。

(11) 荏柄天神社の歴史については、松本公一「鎌倉幕府と天神信仰」（『御鎮座九百年　荏柄天神社』荏柄天神社、二〇〇四年十月）他参照。

(12) 吉野富雄「春日机と蓬莱瓶子及荏柄天神縁起箱」（『漆と工芸』四〇四号、一九三四年十二月）。

(13)『前田育徳会展示室展示目録三十一号　前田家と天神信仰』（石川県立美術館、一九八六年十月。解説太田晶二郎）。本目録には前田本詞書の翻刻も掲載されている。

(14) 前田本旧内箱については、これが荏柄天神社にあった段階で制作されたとの前提で議話を進めているが、前田家収蔵後に制作されたという可能性も否定できない。後述の山本基庸覚書では「箱等被仰付度候得共、古物一段殊勝ニ候間」とあり、これが「忠卿（郷）」が新調した箱を指すとすれば、制作から百年にも満たない箱を「古物」と認識したのかどうか、議論の分かれるところだろう。さらに前田家には、加賀八家と呼ばれる家老職の家があり、そのなかに本多正信の次男、政重を祖とする加賀本多家があることも留意される。この加賀本多家のなかに備中守が存在しないか、検討を要する。
なお、漆工史を専門とする猪熊兼樹氏、福島修氏（東京国立博物館）にこの旧内箱について見解をうかがったところ、図様表現などからして十七世紀の制作であろうとのことであった。

(15) この覚書の内容は以下の通り。
相州鎌倉荏柄天神縁起三巻、三十年許以前於武州浅草観音寺内開帳有之候、其時分荏柄住寺一乗院江申入借用入御覧、暫御留書写被仰付、御返納被進候、御礼物白銀拾枚被遣之外ニ黄金一枚御添被成、箱等被仰付度候得共、古物一段殊勝ニ候間、不及其儀候、御縁起損候所々為御修覆黄金御献納被成候由、私ゟ申達候様ニ葛巻故権佐を以被仰渡候、院主難有冥加至極之旨御礼ニ被参候、因茲御使者関屋故八平罷越候、其後御出入ニ罷成、毎年頭殿中御礼ニ罷出候節、必御玄関迄被参候、其以後三四年茂過申候而、月迫十二月廿七八日之比瀬戸物屋故兵九郎右縁起持参仕、荏柄一乗院当暮金子百両無之候得者難致住山之旨既逐電可仕躰ニ候、何とそ〱御用ニ者有之間敷哉与申候、最前御写させ被成候時分本書所望之儀申候へ共、中〱罷成申事ニ無之候処、右之首尾ニ候故、早速申上度候へ共、其比御事多御急用之外難取次之旨何茂申候故、難申上候、兵九郎申候ハ湯嶋天神別当方ニ北野能雲罷有、何とそ〱北野江申遣、社僧中図合相調可申与致相談候へ共、至春候而者千金ニ払候而も兎角一乗院手前不埒之由、今明日中ニ金百両ニ仕度之旨被申与申候、脇江とられ候而者後悔無詮被存、且ハ此縁起御家ニ留リ申事神慮与被存、兵九郎を以谷口屋故善通江百両替之内借候様ニ申遣候得者、百両私之証文ニ而早速貸申候ニ付、兵九郎埒明申候而、縁起者私方ニ指置、年明窺申候者、不浄成小屋ニ指置申物ニ無之候、早々指上可申旨即則上之候、代金早速相渡候様ニ与藤田内蔵允・永井織部・有賀故内膳・稲垣故三兵衛迄被仰出候与覚申候、利金なと遣候事ニ候者、其段も遣可申由被仰出候故、谷口屋善通ニ相量候へト、二三日之内不及其儀候旨申候付、其沙汰無御座候、

一右之段者、私覚申通ニ候、此間留帳不残見申候へ共、見当不申候、私留帳先年本郷之御屋敷御類焼之時分罹其災、江戸江持参仕候分者片言双字茂不相残候、此内ニ而御座候哉、年号月日相知不申候、其首尾ハ前後私手ニ懸申候事故、覚罷有候、以上

庚子七月十四日　　　　山本源右衛門

(16)『訂正増補考古画譜』の「荏柄天神縁起」の項には、「古画目録云」として「住吉家蔵、今者荏柄天神社ニ無之」とし、黒川真頼の補注には「模本三巻浅草文庫にあり。巻尾云、此縁起荏柄天神宝物也、とあり」と記されている。ここで言う住吉家蔵の伝本と浅草文庫の模本三巻こそ、狩野晴川院が参照した住吉家伝来の模本であった可能性が高い。

(17)具慶は天和三年(一六八三)、京都から江戸に召し出だされ、幕府御用絵師となった。

(18)なお、その後の荏柄天神縁起について興味深い指摘をしているのが國賀由美子氏である。國賀氏は、京都市立芸術大学所蔵の「荏柄天神縁起」模本が、実際にはメトロポリタン美術館本天神縁起絵の写しであり、同本はもともと伊豆山に所蔵されていたことを明らかにした(岩田由美子「メトロポリタン美術館本天神縁起絵巻の伝来について―京都市立芸術大学蔵模本による知見から―」『MUSEUM』四九八号、一九九二年九月)。この模本は谷文晁によるもので、國賀氏も注意を喚起するように、十八世紀末段階で伊豆山の天神縁起(メトロポリタン美術館本)が荏柄天神縁起と認識されていたということで、このことの意味は改めて考える必要がある。

(19)二千里(松本栄一)「荏柄天神縁起絵巻に就いて」(『国華』四四八号、一九二八年三月)、西田長男「荏柄天神縁起」(『群書解題』第六巻　神祇部、続群書類従完成会、一九六二年六月)。

(20)笠井昌昭『天神縁起の歴史』(雄山閣出版、一九七三年十月)。真保亨氏も前掲注(3)で二階堂行長説をとる。

(21)須賀前掲注(3)。

(22)唯一の違いが、前田本が「右近将監藤原行長」とするのに対し、天満神社(和歌浦天満宮)本が「右近衛将監藤原行長」とする点で、それ以外は全くの同文である。

(23)天満神社(和歌浦天満宮)については、和歌山大学紀州経済史文化史研究所編『和歌浦天満宮の世界』(清文堂出版、二〇〇九年一月)参照。

(24)天満神社(和歌浦天満宮)本は巻中第一段「恩賜御衣」と第二段「送後集長谷雄」の絵が入れ替わっている。このほか、巻上第六段に「公忠奏上」、巻上第七段に「任大納言大将」、巻中第九段に「任右大臣」の絵が置かれるなどの錯簡が認められる(詞書に乱れはない)。清涼殿を描く同じような画面であったため生じたものだろう。これが原本における錯簡なのか、天満神社(和歌浦天満宮)本独自の錯簡かは不明である。

(25)前田本、天満神社(和歌浦天満宮)本とも関係の深い英賀神社永正本は「吉祥院五十賀」の段を欠く。

(26)真保前掲注(3)。

(27)須賀前掲注(3)。

(28)島田修二郎「知恩院本法然上人行状絵図」(『日本絵巻物全集』十四巻、角川書店、一九六一年九月)。

(29)島田前掲注(28)。

(30)小松茂美「『法然上人絵伝』総観」(『続日本絵巻大成』三巻、一九八一年九月)。

(31)「A」「第二筆」とされた段のなかで両氏の見解が分かれるのは、巻第四第二段、巻第二十五第二段、巻第三十六の大半、巻第三十七第五段、巻第四十一第一段である。

(32)相澤正彦「無量寿寺本拾遺古徳伝絵について―知恩院本四十八巻伝の絵師と関連して」(『古美術』七三号、一九八五年一月)。

(33)前田育徳会柳田甫氏の御教示による。

(34)前田育徳会菊池浩幸氏の御教示による。

(35)本史料の存在については、前田育徳会柳田甫氏の御教示を得て、翻刻もご提供いただいた。

# 場面解説

土屋　貴裕

荏柄天神縁起各段について、詞書については平易な現代語訳を試み、絵は描かれた内容を詞書に基づきながら記述した。

### 巻上　第一段　序・道真化現　（五頁）

【詞書】「王城鎮守神（々）おほくましませと」に始まる、絵巻全体の「序」から記される。寛弘元年（一〇〇四）十月の一条天皇の行幸以来、建久の今に至るまで十六代の御代、天満大自在天神は篤く尊崇されてきたと述べる（序）。

これに続いて道真の登場を語る「道真化現」の物語が記される。ある時、菅原是善の邸宅「菅原院」の南庭に五、六歳ばかりの子どもがたたずんでいた。是善はその容貌がただ者ではないと思い、どこの家の子で、なぜここにいるのかと問うと、その子は定まった住まいもなく、父母もない。あなたを父親としたいと答えた。是善はこれを聞き、喜んでこの子を抱き上げた。この子こそ、後の菅贈大相国菅原道真である（道真化現）。

【絵】是善、道真邂逅の場面を描く。菅原院が舞台で、閑とした庭からL字に配された中門があり、その縁には文杖と思われるものを持つ従者の姿がある。続いて縁で道真を抱きかかえる是善、縁に座りながらも身を乗り出し、道真を誰何する是善の二場面が配される。背後の建物を連続させ、異なる時間の出来事を描く「異時同図」の手法を用いるが、右から左に時間の流れを描く通常の絵巻の画面配置とは異なり、時間の流れを逆転させている点に特徴がある。是善は烏帽子直衣の姿で、道真は童髪の垂髪であり、二人とも裸足であるようだ。庭には松の樹と梅の樹が配されるが、特に梅の樹は是善と道真の間に配され、この絵巻が道真の物語を描くことを強く印象付ける。梅は紅白の花を咲かせており、花びらがほころぶ。道真はこの梅の花を凝視しているかのようにも見える。

### 巻上　第二段　幼時詩作　（一〇頁）

【詞書】道真は十一歳となった。是善は道真に詩を作るよう促すと、「月耀如晴雪　梅花似照星　可憐金鏡転　庭上玉房馨（月の耀きは晴れたる雪の如し。梅花は照る星に似たり。憐れむべし金鏡の転ろきて。庭上に玉房の馨れるを）」とすぐに読んだ。十三、四歳になると、是善を超え、天下に並ぶことのない才智を示した。「氷封水面聞無浪　雪点林頭見有花（氷は水面を封じて聞くに浪なし。雪は林頭に点じて見るに花有り）」は、道真が十四歳の時に作った秀句である。

【絵】道真が是善の前で詩作するところを描く。縁近くに坐し、右手に筆、左手に料紙を執るのが道真。対して是善は右手に扇を立てて持ち、左肘を脇机に置くかのような姿勢。二人とも狩衣姿である。机は金で縁取られ、松と菊かと思われる絵が描かれている。その上には白紙の巻物と朱地に金泥で装飾を施した巻物（青い巻紐も見える）が置かれる。是善背後の障子には波が描かれているようである。庭には第一段と同じく紅白の梅が配され、その傍の岩には薄く金泥が掃かれている。

### 巻上　第三段　大戒論序　（一三頁）

【詞書】伝教大師最澄は唐に渡り、円頓戒を伝え、比叡山に戒壇を開こうとしたが、諸宗の反対にあった。そのため顕戒論三巻をまとめ、嵯峨天皇に訴え、弘仁十三年（八二二）に勅許をえた。その後も諸宗の異論があったため、慈覚大師円仁は顕揚大戒論を記し、弟子で天台座主となった安慧がこれを八巻にまとめ、序文の執筆を是善に求めた。是善は、この大戒論は朝家の宝、衆生の灯であるとして、二十一、二歳でいまだ文章生だった道真を推薦した。この序文こそ、天台宗第一の宝であり、現人神の御筆として人びとにもてはやされているものである。貞観八年（八六六）十一月のことである。

【絵】安慧が是善の屋敷を訪れ、道真が大戒論序を記す場面を描く。画面は菅原院の門前に安慧の乗ってきた輿とともに輿丁四人が休む様子から始まる。このうち二人の男が画面左手の門内を見つめており、その視線に誘われるかのように、絵巻の観者も自然と邸内へと目を向ける仕組みとなっている。門からしばらくは画面の余白が続き、庭先には安慧に付き従ってきた袈裟を着けた僧や供の者が坐している。詞書に「貞観八年十一月の事」とあるように、庭には赤く染まった紅葉があり、その下の岩には前段同様金泥が掃かれる。邸内は道真がまさに大戒論序を記すところ。縁近くには右手に扇を、左手に独鈷を執った安慧、その傍らに是善を配し、道真は文机に向かい、文字をしたためている。文机の模様は前段とは異なるが、右手には硯箱と硯、巻紙が置かれている。なお、安慧の持物である扇と独鈷は他本で見られず、何か特別な典拠があってのものかもしれない。

## 巻上　第四段　良香邸弓場　（一八頁）

【詞書】貞観十二年（八七〇）の春、都良香の屋敷で弓遊が行なわれた。道真は家の中に閉じこもり文道にばかり励んでいるようだから、弓の腕前は良くあるまいと思った良香は、御簾のなかに隠れて道真に弓を引かせることにした。弓を構える姿は楚の弓の名手・養由基かのようで、百発百中の腕前を見せた。驚いた良香は、これは道真が献策（官吏登用試験）に合格する前兆であると言ったという（良香邸弓場）。

同じ年の三月二十三日、献策が行なわれ、良香が問答博士を務めた。道真は美しく、かつ筋の通った文章を記したが、凡夫に似せようと二問のうち一問について思案のふりを見せた。これを見た橘広相は馬に鞭打って嵯峨隠君子のもとに参じ、回答を聞き出して、道真に密かに伝えた。権者のすることはうかがい難いことである。これより、献策の際には、その庭に余人が近寄れないことになったということだ（献策）。

【絵】詞書前半の弓遊を描く。冒頭部分は、通常の絵巻のように右から左へと時間の流れを表わすのとは異なり、画面右手に的があり、左手に弓をつがえる道真の姿がある。的近くには春の出来事を示す桜、青い楓、柳とともに、男と童子を配す。柳の樹は、詞書に記される養由基が百歩離れたところから柳の葉を射て百発百中だったという故事を踏まえたものとされる。的の先には矢が一本あるが、これは道真以前の射者が外したものだろう。道真側には、上畳に坐し、扇を持つ男と、三人の男が坐す。登場人物のなかでは、道真のみが浅沓を履く。画面左手の建物は御簾が下ろされ、良香はこの奥から道真の様子をうかがっているという設定である。

## 巻上　第五段　吉祥院五十賀　（二二頁）

【詞書】寛平六年（八九四）、道真の門徒たちが吉祥院に集まり、五十の賀を祝して法会を開催した。そこに藁沓に脛巾を付けた翁が現われ、願文に砂金を添えたものを堂の前の机の上に置いて立ち去った。このとき導師を務めた少僧都勝延は稀代の勝事であると弁説した。

【絵】画面は主人を待つ従者と童子の一行から始まる。画面下部には大きな松が、従者の背後には小松も見え、さらに幔幕が張られた幄舎が配されている。続いて、願文と砂金を捧げ持ち、烏帽子に白の浄衣を着た翁の姿がある。詞書には「わらうつは、き」とあるが、ここでは藁草履を履くようである。翁の面前には、幄舎と同じ幕をかけ、供物を置くとみられる小さな案（架台）がある。これが詞書にある「堂の前の案」であり、翁はまさに願文と砂金をここに置く様子である。画面左手、法会の場には多くの聴衆が参集するが、人びとの多くがこの不思議な光景を見つめている。屋外で聴聞する人びとのうち、左下のブロックは尼僧の集団である。屋内では、縁には束帯姿の門徒の人びとが坐し、堂内では上畳の上に多くの僧が坐し、その中心で礼盤に坐すのが勝延である。勝延は眉の垂れた老相で表わされている。堂内は蓮華の描かれた華鬘や幡が掛けられ、檀具や法具も金で荘厳され、大変華やかである。

## 巻上　第六段　任大納言大将　（二六頁）

【詞書】寛平七年（八九五）三月二十六日、醍醐天皇が東宮だった頃、道真に令旨を下すことがあった。唐には一日に百首の詩を作る人がいると聞く。魏の曹植が七歩のうちに詩を読んだように、あなたの才智は並ぶものがない。試みに一時（二時間）のうちに詩を十首作ってみてくれないだろうか。そして十の題が与えられ、酉の刻から戌の刻の間に道真は詩を作り、献上した。このとき読まれたのが「送春不用動舟車　唯別残鶯与落花　若使韶光知我意　今夜旅宿在詩家（春を送るに舟車を動かすことを用いず。唯別るるのみ残鶯と落花と。若し韶光をして我が意を知らしめば。今夜の旅宿は詩家に在らん）」である。翌年には重ねて、二時のうちに二十首を読んだ。昔も今も、このような不思議なことは聞いたことがないともてはやされた（一時中十首詩作）。

寛平九年（八九七）六月には中納言から大納言になり、大将も兼ねることになった。三度まで辞退したが許されることはなかった。その年の十月には醍醐天皇が即位し、道真は朝廷の政務を執ることになった（任大納言大将）。

【絵】道真の大納言拝賀の様子を描く。画面右手には内裏清涼殿と思われる殿舎が配される。続いて庭上において、束帯で平伏する道真の姿。その左手には弓を持つ武官の装束の随身四名が付き従う。大納言の大将兼任は随身六名であったとされ、このあたりは比較的緩やかに描かれているようだ。

## 巻上　第七段　任右大臣　（二九頁）

【詞書】昌泰二年（八九九）二月には右大臣となる（任右大臣）。

　昌泰三年（九〇〇）八月頃のこと、祖父・清公、父・是善、そして自らの家集をまとめ醍醐天皇に進覧した（いわゆる『菅家三代集』二十八巻。清公の『菅家集』六巻、是善の『菅相公集』十巻、および道真の『菅家文草』十二巻）。叡感のあまり、醍醐天皇は御製を寄せた（家集天覧）。

【絵】大臣拝賀のため参内する道真を描く。道真は笏を執る束帯姿で、その背後に官人を従えている。道真の佩く太刀は、前段では金装だったが、本段では朱漆に金を撒いたものが意識されているようだ。画面には随身八名が描かれ、これは大臣の格に倣ったものとも解される。画面左手の門の扉は手前側に開かれ、前段と逆になっているのは、この画面の舞台が門外であることを示している。

## 巻上　第八段　椋木法皇　（三二頁）

【詞書】昌泰三年（九〇〇）正月三日、醍醐天皇は朱雀院に行幸し、宇多法皇と密事におよんだ。左大臣藤原時平と右大臣菅原道真がともに政治を執ることはよくないことで、道真は重代政務を執ってきた家柄ではないが、賢人を登用し、徳を尊ぶ人である。こうして道真に政をゆだねることが決められた。法皇、天皇の前に召し出された道真は天下の政を一人で総覧すべしとの仰せを下され、再三固辞したものの許されることはなかった（朱雀院行幸）。

　このことを聞いた時平は憤り、道真を深く恨むようになった。時平は源光、藤原定国、藤原菅根に天皇の命と称してさまざまな宝物を与えて冥官を祀り、都の八方で道真を呪詛させた。ところが道真は、自らと子孫が呪詛に合わない術を施していたので、八、九代の末までその儒学の道は絶えることがなかった。しかしながら、醍醐天皇はその頃十六、七歳と若かったので、昌泰四年（九〇一）正月二十五日、時平の讒言を受け、道真を大宰権帥として流罪する宣旨を下した（時平讒言）。

　道真は悲しみのあまり「なかれゆく我ハミくつとなりぬとも君しからみとなりてとゝめよ」の歌を詠んで宇多法皇のもとに送った。法皇もこれを見てたいそう悲しみ、天皇も我が子であるから申し上げてみようと、素足で泥を踏みつけて上西門より入って清涼殿に近づき、取次を請うたが、蔵人頭であった菅根に阻まれてしまった。菅根は昔、殿上の庚申の夜の御遊の際、道真にされた仕打ちを深く恨んでいたためである。法皇はどうしようもなく無念の思いで大庭の椋木に休みつつ、日も暮れてしまい、涙ながらに還御されたことは大変に驚き呆れることであった（椋木法皇）。

【絵】上西門で宇多法皇と藤原菅根が対峙する場面を描く。画面右手、基壇の上に朱塗りの柱が立つのは上西門である。一部に壁代の漆喰がはがれている箇所があるのも興味深い。続いて椋木の下に立つ法皇とその前で坐す菅根の姿が描かれている。法皇は詞書にあるように裸足で、朱の法衣に袈裟を着け、念珠を繰る姿。菅根は笏を執った束帯姿で、太刀は朱と金で彩色されている。法皇に対し頭を下げて描かれる伝本もある菅根は、うつむくことなく視線をまっすぐと向け、肩をいからせている。法皇の要請を断固として拒絶する意思を表わしているかのようで、本絵巻における「敵役」としての菅根を見事に表現している。

## 巻上　第九段　紅梅別離　（三七頁）

【詞書】下された勅は覆ることはなく、道真の二十三人の子どものうち、男子四人も各地に流され、分別のある年頃の女子は都にとどめられ、なお幼い子どもたちは道真に同行することになった。紅梅殿の梅を見て、心のない草木にも契りを結ぼうとして詠まれたのが「こちふかハにほひおこせよむめのはなあるしなしとてはるをわするな」「さくら花ぬしをわすれぬものならは吹こん風にことつてはせよ」である。この歌に感得し、紅梅殿の梅は道真の配所である筑紫まで飛んできたということである。

【絵】道真の屋敷、紅梅殿の様子を描く。直衣姿で右手に念珠を持ち、屋内から身を乗り出し、庭の梅の樹を見つめるのが道真。八の字に垂れた眉は、道真の困惑と悲哀を表現している。建物の屋根には草の生える様子が描かれ、清貧な道真の生活ぶりを示している。庭には紅白の花を咲かせる梅と、満開の桜が描かれ、これらの花びらはほころび水流に落ち、小松も見える。木の幹には金泥も掃かれ、水流の群青も目覚ましく、諸段中大変力のこもった場面である。

## 巻上　第十段　牛車配流　（四〇頁）

【詞書】思いもよらず、大臣大将から大宰権帥に配流左遷されたのは何とも嘆かわしいことである。承和四年（八三七）に生まれ（実際の道真の生年は承和十二年）、仁明、文徳の時代には幼かったが、貞観の頃（八五九〜七七）から朝廷に仕え、五代の帝王の御幸に一度も外れることなく供奉した。にもかかわらず、このような姿で西海におもむくことはなんとも言いようもない。先世の罪の報いかと、思うようにならない世の中も恨めしく、羊の歩みのごとく、配所へと向かうのだった。自分はいかなる宿業でこのような境遇にあっているのかと思いつつ、都を出てから眠ることもかなわず、夢を見ることもない。今はただ、手を合わせ、罪障深い自らを懺悔し、極楽往生しようと思うが、心は穏やかでいられず、こうした心情を読んだ白楽天の「北窓三友」詩を見るに、涙をとどめることはできない。

【絵】牛車に乗り、陸路西下する道真を描く場面。道中には老若男女の人びとが悲しみのなか、道真の車を送っている。沿道の人びとは庶民で、その服飾は制作年代を考えるヒントとなるかもしれない。牛車のすぐ近くの人物は官人と思われるが、後方に従う人びとは検非違使の職に属する者か、顔を茶色で彩色するなど、身分差を強調した表現となっている。道真の乗る牛車は御簾が巻き上げられ、牛車の内部には樹木を描く絵が見える。これは「伴大納言絵巻」で配流される伴善男の護送場面などに見られるように、罪人を乗せる際のあり方である。さらに小窓も開け放たれ、そこから悲しみの表情をたたえた道真の顔が見える。牛車の前方には見物人を追う従者の姿があり、これらの表現は絵巻によく描かれる典型表現でもある。

### 巻上　第十一段　船出配流　（四四頁）

【詞書】都からもだいぶ離れてしまったので、北の方に「君かすむやとの梢をゆく〳〵と　かくるゝまてにかへり見しかな」の和歌を送ったところ、これを見て北の方は紅の涙を流したという。秋雁を見て詩を読み、口にも出さず心の内にとどめていたが、大唐国の人びとが口ずさんでいるのは不思議なことである（船出配流）。

筑紫国に一年ほど滞在し、「ゆふされハ野にもやまにもたつ煙なけきよりこそもゑまさりけれ」「あめのしたかくるゝ人もなけれはやきてしぬれきぬひるよしもなき」の和歌を詠んだ（配所詠歌）。

【絵】船で筑紫に向かう道真一行を描く。逆巻き、高波の立つ海を、帆を張った船が進むところである。道真は船室にいるものか姿が見えず、船べりには男と女房三人がおり、船室の屋根には船頭なのか扇を持った男が一人、船先には二人の男が配されている。船の先には大きな岩礁が描かれ、さらに上空には多くの雁が遊ぶ。「あきゝりのうへにかりかねのきこへけれハ」として詩を読んだ情景を描き出すものである。

### 巻中　第一段　恩賜御衣　（五三頁）

【詞書】昌泰三年（九〇〇）九月の重陽の宴に読んだ「君富春秋臣漸老　恩無涯岸報猶遅（君は春秋に富み臣漸く老いたり。恩は涯岸無く報ずること猶ほ遅し）」に対し、天皇は喜びのあまり御衣を脱いで道真に与えた。その御衣は筑紫の地まで都の形見に持ってきたが、翌年の重陽の折、これを見て一年前の栄えある出来事を思い出したのだった。そのとき読まれた「去年今夜侍清涼　秋思詩篇独断腸　恩賜御衣今在此　捧持毎日拝余香（去年の今夜、清涼に侍す。秋思の詩篇独り断腸。恩賜の御衣、今此に在り。捧持して毎日、余香を拝す）」の句を見た都の博士たちは、自らは道真には遠く及ばないと言い合ったということである。

【絵】庭前の秋の風景から始まる。赤く色付いた葉の付くさまざまな樹木があり、重陽、秋の場面であることを示している。落ちた葉の葉脈、土坡や岩には金泥が用いられる。画面左手は道真の筑紫のわび住まい。竹で組まれた縁、簡素な襖が、道真の置かれた境遇を示している。屋内で烏帽子をかぶり、顔に袖を当てているのが道真で、その傍らに「御衣」が見える。周囲の人物たちもみな悲しみの表情で、屋外に坐す老齢と童子形の従者の眼もとには朱が差されているのも印象的である。道真の前には漆塗りに金泥を施した箱が置かれるが、底は浅く、御衣を納めていた箱とは見られない。近くには巻子のようなものが置かれており、重陽の折に読んだ詩を読み返しているという設定だろう。

### 巻中　第二段　送後集長谷雄　（五六頁）

【詞書】昌泰三年（九〇〇）八月以降、大宰府で読んだ詩を集め『菅家後集』と名付け、延喜三年（九〇三）正月の頃、都の中納言紀長谷雄のもとへ送った。長谷雄はこれを見て、天を仰ぎ地に伏せ、大いに泣き悲しんだ。この『菅家後集』のなかでも、九月十三夜の光輝く皓月を読んだ「昔被栄花簪組縛（昔、栄花、簪組に縛られしも）」の句が最も心打たれる。

【絵】都の紀長谷雄の邸宅を描く場面。左手を畳の上に置き、右手に巻子を持って、烏帽子直衣で身を崩すように描かれているのが長谷雄である。眉を八の字に描き、深い悲しみの表情を表わしている。その傍らには文箱が置かれ、そこにも巻子が描かれている。同じく畳の上に坐す従者と思しき人物も首を深くうなだれ、縁に坐す人物も同じく悲しみの表情を浮かべる。彼らの頬には朱が差されている。向かって右手の杉戸には白梅の絵が描かれ、本作が菅公を主人公とすることを改めて想起させるとともに、画面奥の障子は波の絵を描いており、これは道真が船路を経て西海に赴いたことを暗示しているのかもしれない。庭には、岩陰から白菊が咲き誇り、笹も添えられている。菊の花を庭に描くのは他本でも見られず、詞書で言及されている「九月十三夜」の季節を踏まえた描写とも解される。画面左手の庭には、短い一紙を継ぎ、松の樹の下に三人の従者が描かれている。

### 巻中　第三段　天拝山　（五八頁）

【詞書】筑紫にて、道真は身の潔白を訴える祭文を作り、高山に登って七日間、天道に訴える祀りを行なった。その時、祭文が天に飛び昇り雲をかき分け、梵天のところまで届いたとのことである。道真は七日七晩祈りをささげた結果、生きながら天満大自在天神となり、延喜三年（九〇三）二月に、現生の身を捨てると示した。釈尊は二月十五日に入滅し、五十二類の生き物が血の涙を流したが、二月二十五日の道真の死に際しては日本六十余州が祟りを恐れたということである。

【絵】画面右手には、檜皮葺と思われる屋根をいただく拝殿のような建物が置かれる。その左手には紅葉した樹木の生える山があり、道真が天に祈りをささげる場面が描かれる。道真は石帯を締め、下襲の裾を引き、飾太刀を佩いて冠をかぶる束帯姿である。視線は左斜め上に向けられ、手元は見えないが文柄に結びつけた祭文を捧げている。これまでの場面では、霞は画面の上か下、もしくはその両方に引かれるが、本段では画面中央に二筋の霞がたなびき、道真の立つ山の高さを象徴的に表わしている。足下に滝が流れ落ちているのも、同様の画面効果を狙ってのことである。詞書ではこの天拝山の出来事の季節には言及がなく、諸本でも紅葉を描く作例は見られない。承久本が秋草、鹿を描き添えているところから、こうした他伝本の季節感を参照した可能性もある。

### 巻中　第四段　安楽寺埋葬　（六二頁）

【詞書】筑前国四堂のそばに墓所を設け埋葬しようとしたところ、道真の遺骸を乗せた車が道中で突如止まって動かなくなってしまった。よってそこを墓所と定め、埋葬したのが安楽寺（現在の太宰府天満宮）である。

【絵】道真の遺骸を牛車に乗せ、墓所へと運ぶ場面。車は八葉車で、葬列に付き従う僧俗、甲冑姿の人物が取り囲む。僧侶は数珠を繰り、みな悲しみの表情を浮かべている。牛車の前方には牛飼童が鞭を振り上げるも、動かなくなった牛が路傍に座り込むさまが表わされている。先導の二人が松明を持つことから、夜の時間を描いている。これまで本作で多く見られた樹木などの環境描写が一切なく、画面全体に薄く掃かれた霞とも相まって、闇夜に浮かび上がるかのような情景となっている。

### 巻中　第五段　柘榴天神　（六五頁）

【詞書】道真の死後ほどなく、天台座主第十三世を務めた法性房尊意が四十歳ばかりの、夏の頃の夜明け前のこと。比叡山の僧房で尊意が行ないすましていたところ、妻戸がほとほとと鳴る。押し開けてみたところそこに道真が立っているので、丁重に持仏堂へと導いた。道真は、私は梵天帝釈の許しを得たため、神祇の諫めも及ばず、天皇の傍近くまで寄って憂いを伝え、仇を報じようと思う。ただ、あなたの法験こそが障害となるため、たとえ宣旨が出たとしても受けることのないように。年来、師檀の契りを交わしてきたのはこのためである、と言った。対して尊意は、師檀の契りは一世のものではなく、眼を抜かれようとも変わることはない。ただ、この国は王土であり、この地に住みながら天皇の宣旨が三度下りたとしたらいかがだろうかと答えた。すると道真の顔色が少し変わり、喉の渇きにと尊意が進めた柘榴を口に含んで吐き掛けると、柘榴は炎となって妻戸に燃えついた。尊意は灑水の印を結んでこの火を消した。この妻戸はいまだ残されているということで、末世の不思議というべきものである。

【絵】画面の両端を険しい山並みでフレーミングした、比叡山の尊意の僧房（懸崖造）を描く。右手の山並みには樹の下に一匹の牡鹿がうずくまる。僧房はＬ字に配され、右手に妻戸をたたく道真の姿を、左手に道真と尊意の対面を描き、異時同図の手法をとる。画面右手の道真は下襲の裾を引く束帯姿で、上瞼の線を長く引く切れ長の眼が印象的である。画面左手では、柘榴を火に変えた道真と灑水の印を結んだ尊意が配される。尊意は僧綱襟を立てた僧衣に袈裟を着け、右手は第二、第三指を立てて印を結び、左手には数珠を持つ。道真はまなじりを上げた怒りの相で、後ろを振り返り、炎の軌跡が赤く引かれている。二人の間の漆の蓋物には食べかけの柘榴も描かれている。部屋の奥手には大壇が組まれ、右手には磬も懸かる。画面左手の屋外は、上部は尊意の僧房近くの近景を描き、下部には山並みを重ねた上に霞をたなびかせ、比叡の山並みを象徴的に表している。画面左端には先の丸く閉じたすやり霞を描くが、これは本作ではあまり見られない表現である。

### 巻中　第六段　時平抜刀　（六九頁）

【詞書】道真が尊意のもとを去ったのと同じ頃、恐ろしい雷電がしきりに起こり、群雲が空を覆い、とどろく雷鳴に人びとは慌てふためいた。清涼殿では本院の大臣・左大臣藤原時平が太刀を抜き、朝廷に仕えていた折は私の次席であったのだから、神となっても私に遠慮すべきで、このようなことは道理に合わないことだと言い、天をにらんで立った。

【絵】舞台は清涼殿。庭前では雷神の巻き起こす風が薄墨の線で表わされ、呉竹は風で大きくなびく。画面中央上部には、うねる黒雲に乗る雷神の姿があり、両手に撥を持ち、太鼓をたたく。雷神の髪は逆立ち、肉身は赤く、眉と髭は白く、三目で上牙を上出した姿。朱線に金泥を重ねた雷はジグザグに四方に飛ぶ。建物内では、四人の貴人が転倒するが、時平一人、抜刀して両手で太刀を握り、振り返りながら雷神をにらみすえる。時平の持つ太刀の刀身は黒色となっているが、もとは銀泥で彩色していたのかもしれない。時平背後の御簾が風にあおられるさまなど、細部まで配慮が行き届いている。清涼殿の屋根は瓦葺で実際の様子とは異なるが、柱は丸柱で古式をとどめる。

### 巻中　第七段　尊意渡水　（七三頁）

【詞書】帝はこのことを聞いて大変動揺し、尊意を招聘すべく三度宣旨を下した。参内の際、鴨川は洪水だったが、尊意は水を引かせて陸地のように通った。このことは尊意の法験も素晴らしく、天皇の威徳も行き届いていることの証である。

【絵】尊意が洪水の鴨川を渡る場面。牛車の周囲は、河の水がしぶきを上げ、うねって波立っている。牛車の後方には傘持ちの従者、童子二人、僧侶二人が付き従い、うち一人の僧侶は角盥に水瓶を入れたものを捧げ持つ（メトロポリタン美術館本に同様の描写がある）。牛車は八葉車で、前の御簾を巻き上げ、窓を開け、朱の僧衣をまとった尊意の姿がある。車の前方には二人の牛飼童が牛を御している。車の車輪部分に下描きの線が一部見える。

### 巻中　第八段　時平薨去　（七五頁）

【詞書】その後、尊意の法力により、しばらくは天神をなだめ申し上げていたところ、ついに抑えがきかなくなり、延喜八年（九〇八）十月、菅根卿が天神の祟りにより死去した。翌延喜九年三月には時平が病にかかった。さまざまな祈禱も効果がなく、道真の霊気によるものと、清涼房玄照律師の弟子で三善清行の子、いまだ二十歳にならない浄蔵を召し、祈らせることになった。四月四日の正午頃、清行が見舞いに訪れると、時平の左右の耳から青い蛇が舌を出して、浄蔵が私を降伏させようとしているのを止めさせよ、と言った。清行は恐れおののき、その旨を浄蔵に告げ、退出した。時平は間もなく息を引き取り、その後時平の子孫はことごとく滅んでしまった。時平の息子顕忠だけが二位の大臣にまでのぼることができたのは、昼夜に道真のことを祈念していたからである。

【絵】本絵巻では珍しく一紙のなかに絵を収める段で、時平邸の様子を描く。御簾の降ろされた室内には、左手奥に病に伏せる時平、その右隣に清行、その下部に浄蔵の姿がある。時平は脇息に持たれ、衾をかぶり、その両耳からは蛇が見える。直衣姿で笏をとる清行は顔を傾け、思案の顔である。浄蔵は浄衣に袈裟を着けるが、青の頭巾をかぶり剃髪していない修験者の姿で数珠を繰る。法体ではなく修験者の姿で浄蔵を描く例は珍しい。時平と浄蔵の間には角盥が置かれ、画面右手の床には一人の男が懐紙を持ち顔に当てている。画面左手、几帳と屏風の背後には二人の女性がおり、袖を顔に当てる悲しみの姿である。屏風の画面は一部しか見えないが山水を描いたものと解され、時平、清行の背後の障子にもやまと絵風の山水が描かれている。

### 巻中　第九段　公忠奏上　（七九頁）

【詞書】光孝天皇の孫で醍醐天皇のいとこに右大弁源公忠という人がいた。延喜二十三年（九二三）四月、突如息を引き取り、三日ほどしてよみがえり、家の人びとに自分を内裏に連れていくよう言った。皆は公忠が乱心したと言い合ったが、あまりに切実な言い様なので、子の信明、信孝が助けて内裏に参上しこの旨を奏上した。これを耳にした醍醐天皇は驚き、公忠の話を聞くことになった。それによると、公忠が頓死し炎魔王宮の門の前に行くと、身の丈一丈ほどの束帯を着た貴人が手に金の文鋏を持って何か訴えていた。耳をそばだてて聞いてみると、醍醐天皇の行ないと言えども心穏やかならずと、さまざまに言葉を尽くして憂い訴えていたので、これは道真であると悟った。その時、緋や紫の衣を着た冥官三十人ばかりが並びいたが、その第二座にいた人が、醍醐天皇こそ大変軽率な者である。もし改元でもあったならばと語ったと、公忠は申し上げた。これを聞いた醍醐天皇は恐れること限りなく、四月二十一日、道真をもとの右大臣に復し、一階を加えて正二位を送り、昌泰四年二月二十五日付の道真配流の宣旨を焼き捨て、五月二十五日には延喜を改め延長と改元したのはこのためである。また、道真が清涼殿に化現し、天皇の顔を見たことは間違いないと語ったと聞き、天皇は大変恐れおののいたということである。

【絵】蘇生した公忠が、冥府での出来事を醍醐天皇に奏上する場面。舞台は清涼殿と考えられ、柱は丸柱で、画面右手には桐を描いたと思われる衝立障子が一基置かれている。これは清涼殿弘廂北寄りに置かれた昆明池障子を想定したものと思われるが、その画題についてはすでにその知識が失われていたとみるべきだろうか。階に坐す三人のうち、左手の老齢の人物が公忠、残る二人がその息・信明、信孝だろう。いずれも束帯姿である。庭上にはもう一人の束帯の人物、廊にも四人の貴人が坐す。画面奥、一間分だけ御簾を巻き上げ、右手に檜扇を持ち、繧繝縁の畳に坐すのが醍醐天皇。天皇の着す緋の袴は畳の縁からこぼれており、天皇が身を乗り出して公忠の話を聞く様子が表わされている。さらに天皇の袍には梅花文が描かれているようで、なんとも象徴的である。天皇の顔は霞によって隠されている。

### 巻中　第十段　清涼殿落雷　（八二頁）

【詞書】延長八年（九三〇）六月二十六日、清涼殿の西南の柱に落雷があった。大納言藤原清貫卿は袍に火が付き、転げ回るが火は消えなかった。右中弁平希世朝臣は顔にやけどを負い、柱のもとに倒れ伏した。平伊望朝臣は弓をとって立ち向かったが、たちどころに死亡し、近衛忠包、紀蔭連は炎にむせて悶絶した。これは天満大自在天神の十六万八千の眷属のうちの第三の使者、火雷火気毒王によるものである。

【絵】天神縁起絵巻中、クライマックスともなる段である。絵巻を繰っていくと、画面上部を覆う逆巻く黒雲、屈曲する稲光（赤い顔料に金泥を引くのは中巻第六段「時平抜刀」と同様の表現である）、薄墨による強風、風に大きくあおられ、葉を散らす呉竹が目に入る。画面下部に掃かれた霞も、他の段に比べ黒味を帯びているようにも見える。続く清涼殿の場面では、黒雲が深く垂れこめ、雲上の火雷火気毒王が稲妻を落としている。火雷火気毒王は角が生え、全身が赤く、右足を大きく踏み上げる。右手に独鈷、左手に三鈷杵を持ち、首にはヒョウ柄の獣皮を巻き付け、手首足首に金輪を付ける。緑の天衣が翻り、金泥を交えた髪も逆立ち流れるなど、迫力に満ちる。火雷火気毒王からは放射状に稲妻が放たれるとともに、飛び散った火炎が清涼殿に降り注いでいる。建物には詞書での言及と同じく五人の人物が描かれる。一番右手、両手を広げ、衣に火が付くのが清貫と思われ、弘廂で冠を落とし、弓矢が添えられているのが伊望だろう。画面左手上部では黒雲をわずかに払って、その隙間から母屋の様子がわずかに見える。そこに見える繧繝縁の畳は天皇の存在を暗示していると思われ、非常に機智の富んだ表現である。

### 巻中　第十一段　延喜帝落飾　（八六頁）

【詞書】清涼殿落雷の毒気は醍醐天皇の身体を犯した。天皇はその苦しみに耐え難かったため、九月二十二日、位を朱雀天皇に譲った。さらに九月二十九日、出家ののち御年四十六で崩御した。

【絵】醍醐天皇崩御の直前、落飾の場面を描く。御簾を下した殿舎内では病気の平癒を願って加持が行なわれている。多くの僧、公家達が列座する中、上畳の上に繧繝縁の畳を重ねた上に醍醐天皇が脇息にもたれて坐し、僧から剃髪を受けている。天皇の前には角盥、水瓶が置かれる。右上には、礼盤に坐し、経机の前で巻子を広げ読む僧の姿がある。その正面には群青色の背屏をともない、来迎印を結ぶ金色の阿弥陀如来立像（彫像）が置かれている。詞書に記述はないが、醍醐天皇は崩御前に不動明王が玉体の加持をしたという夢を見たとされ、本来であればここには不動明王像が置かれるところである。あわせて、醍醐天皇の時代にこうした阿弥陀如来立像を前にした臨終行儀が行なわれていたとは考え難く、本絵巻制作時の好尚を示すものだろう。加えて、毎夜天皇の加持を行なったのは尊意で、阿弥陀の前の僧は尊意を意識したものとみられる。

### 巻中　第十二段　日蔵六道巡歴　（八八頁）

【詞書】その頃、日蔵上人という僧が金剛蔵王権現の教えにより三界六道を経めぐった。承平四年（九三四）四月十六日より笙の岩屋に籠って修行していたところ、八月一日にわかに死に至り、十三日に蘇った。その間、夢うつつとも覚えず、金剛蔵王権現の導きで天満大自在天神の在所、兜率天の内外院、閻魔王宮や地獄などを見て回った。

天満天神を大政威徳天と呼び、その移動は大王の即位の儀式にも勝るものである。その姿は恐れ多くて申し上げられないが、金剛力士や雷神、鬼王、夜叉、羅刹のようなものから成り、眷属は数えることができない。天神は日蔵に以下のようなことを言った。日本国を滅ぼし、大海となして八十四年後に国土を立てて自らの住みかにしようと思ったが、仏の教えを愛することが軽いわけではない。顕密聖教の力によって昔の怨みの十分の一は安らぐ。その上、この国のさまざまな明神が力を尽くして私を宥めすかすので、大きな害悪はなさないのである。ただ、私の眷属十六万八千の悪神が悪事をするのを止めることはできない。日蔵はこの旨を承り、日本ではあなたのことを火雷天神として、仏と同じように敬っています。何の怨心を持つことがあるでしょうかと申し上げた。対して天神は、誰が尊重することがあるだろうか。仏にならない限りこの怨みを忘れることはできない。ただ、人が私の形像を作り、名号を唱えるならば、私は必ずその想いに応えるだろうと誓いを述べた。

さらに日蔵は、金剛蔵王権現の導きで閻魔王宮に至り、閻魔王の部下を連れて地獄を見て回ることになった。そのなかに鉄窟苦所という地獄があり、姿かたちが炭のような四人の罪人がいた。一人は肩に何かが掛けられているようで、三人は裸で、火の上や赤い灰の上にうずくまり、嘆き悲しむこと限りない。閻魔王の部下によれば、衣で肩の隠れた人物が醍醐天皇で、残りの三人はその臣下で、王も臣も同じ苦を受けるという。醍醐天皇が日蔵を差し招くので、日蔵はかしこまって近づくと、冥途では罪のないことが尊いことなので、私を敬ってはなりません。私は父・宇多法皇のお心に違い、菅丞相を流罪にした罪によりこの地獄に堕ちた。現世に帰ったなら、わが皇子たちにこの苦しみを助けるよう伝えてほしいと涙ながらにおっしゃられた。

【絵】冒頭の短い一紙には、日蔵の笙の岩屋での修行場面が描かれる。険峻な山並みの中に日蔵の岩屋があり、画面上下には他の段とは異なりうねるかのような霞が配され、ここが霊地であることを示している。樹木には紅葉が混じり、秋の情景である。日蔵は墨染の衣を着て鹿皮の上に坐し、右手に独鈷、左手に五鈷鈴を持つ。日蔵の左手には経机があり、茶色い表紙の八巻の経巻があり、右手には幔幕のようなものが立てられている。正面には水瓶などが置かれ、その手前の岩の上には白い筒状のものが二つ置かれている。

この岩屋の左手には、金剛蔵王権現とともに雲に乗る日蔵の姿がある。蔵王権現は三目で口を閉じて日蔵のほうを振り返る。肉身は赤く、逆立つ髪や翻る天衣は中巻第十段「清涼殿落雷」の火雷火気毒王の姿を想起させる。日蔵は袖中で印を結ぶかのような姿である。本段の絵の第一紙と第二紙の紙継を境に雲の先端や霞のつながりに不自然なところがあり、この二つの料紙はそれぞれの画面がおおむね完成したのちに継がれた可能性が高い。

続いて鉄窟苦所の場面。赤ら顔で目鼻が大きく、髭の生えた獄卒が指差す先を日蔵が見つめる。日蔵は雲上の姿と同じく、手元を袖中に隠す。この二人の背後に立つ蔵王権現は前と同じく合掌するが、目を見開き、怒りの形相で醍醐天皇らを睨みつけるかのようである。日蔵の視線の先の炎の中には身体を炭色に塗られた四人の男がおり、肩に衣をかける右手の人物が醍醐天皇である。彼らを焼く炎は日蔵のほうに迫っている。この炎の反対側は朱の瑞垣のようなものとともに鳥居があり、何らかの結界を示しているのだろうか。そこには獄卒や鬼、手足を縛られた罪人の姿がある。垣の外には首枷をされ、鬼に縄で引かれた上半身裸の女と、それにすがる赤子の姿がある。さらにその左手には、髪をつかまれ牛頭馬頭に連行される男の姿がある。先行する地獄イメージをさまざまに引用した場面といえる。

## 巻中　第十三段　日蔵奏上　（九五頁）

【詞書】蘇生した日蔵はこの旨を詳しく天皇に奏上したので、さまざまな供養が行なわれた。この国の災害は天神の眷属の仕業であると蔵王権現が言ったということである。日蔵はその後、この穢土を脱し、浄土に生まれ変わったという。

【絵】日蔵が地獄での様子を天皇に奏上する場面。日蔵は前段と同じく墨染の衣で、合掌し、数珠を手に掛ける。日蔵を先導する官人は笏を持ち、巻纓冠をかぶって太刀を掃く武官の姿。二人の視線の先には束帯姿の男性が立ち、右手に持つ笏で日蔵の行き先を示しているかのようである。その背後には建物があるが、内裏のどこかであるかは明示されていない。建物の右手には紅葉した樹木がある。本段第二紙は建物の一部と霞を描くばかりである。

## 巻下　第一段　綾子託宣　（一〇三頁）

【詞書】天慶五年（九四二）七月十二日、西京七条二坊に住む綾子という者に天神の託宣が下った。私は昔、右近の馬場で長年にわたり遊んだ。宮城のほとり、閑勝の地はここをおいて他はない。非道の罪をこうむり、西海に没したとはいえ、かの地に行き遊ぶときは少し心が慰められる。ここに祠を立てて、私の立ち寄るよすがとせよと。ただ、綾子は身分も低いこともあってはばかられたため、柴の庵のほとりに瑞垣をめぐらせ、五年ばかりお祀りしていたが、天暦元年（九四七）六月九日、北野の地へ遷すことになった。

【絵】画面は綾子の家の様子を描く。板葺きの家だが、屋内には畳が敷かれ、襖も描かれる。屋内で折敷を前に椀を持つのが綾子だろう。彼女は尼をはじめ多くの人々に取り囲まれている。土間には白い犬が一匹おり、往来には赤子を背負って荷を運ぶ女、庭先には番の鶏の姿がある。庶民の邸宅ではあるが、「しつのむすめ」「身の程のいやしさ」と詞書で記される状況とは若干異なる様子である。あるいは天神の利生により福徳を得られたとする場面だろうか。画面左手には、白装束の男を背に、綾子が社に幣をささげる様子が描かれる。この社は朱塗りの大変立派なもので、ここも詞書の内容とは若干異なる。北野の地に遷された後の社殿を踏まえているのかもしれない。社の手前にある白い円と床板を描く三角形の部分は後世の補筆と考えられる。

## 巻下　第二段　太郎丸託宣　（一〇五頁）

【詞書】天暦元年（九四七）、近江国比良宮の禰宜神良種の七歳の童子に天神の託宣があった。私の持ち物のうち、笏は老松という者、舎利は富部という者に持たせている。この二人は筑紫より私とともに来た者だが甚だ不調法者なので心を許してはならない。昔大臣だった時、松が身体から生えて折れたという夢を見たが、これは流罪を受ける相だったのだろう。私の怒りの炎は天に満ち、鬼王十万五千が天変を起こす。不信な者を蹴殺し、正直な者を守る。多くの人は賀茂や八幡を崇敬し、私のことを敬わないが、どの神よりも力があるのは私である。右近の馬場は我が住みかであり、そこに松を植えよ。私が在世中、天台への供物を滞らせた罪は深く、今この身となっても苦しみが多い。懺悔のため法華三昧堂を建て、法会を執り行ってくれたらと願う。また、『菅家後集』に載せる「離家三四月」と「雁足黏将疑繋帛」の二句を誦してくれると大変うれしく思う。以上を聞いて、童は目が覚めた。

【絵】舞台は神良種が禰宜を務める近江国比良宮の様子。画面の最初に描かれる水辺と舟は近江の琵琶湖を表わすもので、左手には鳥居が見えている。

拝殿のようなところで右手に開いた扇を持ち、舞を舞うかのような姿の童子が道真の託宣を受けた良種の七歳の子である。その手前には僧侶が深く頭をたれ、そのかたわらには衣冠の男が坐す。庭先には僧の従者と見える僧形の人物が縁に手をかけ、右手には男一人と子ども二人が駆け寄る様子が描かれている。童子たちの奥に見える埒は馬場を表わしたものだろうか。

## 巻下　第三段　社殿造営　（一〇九頁）

【詞書】良種は天神の託宣を携えて右近の馬場に向かい、朝日寺の住僧最鎮、法議、鎮世らにこの旨を伝えた。皆で協議していたその晩、一夜にして松が生え、林となった。最鎮は綾子の一族、寺主の満増、星河、秋永らと力を合わせ、社を造ることになった。天暦元年（九四七）から天徳三年（九五九）の間に社殿を造り改めることは五回に及ぶ。天徳三年には右大臣藤原師輔が屋舎を造り、神宝を奉納した。師輔の子孫の九条家は代々摂関を務め、天皇も途絶えることがないのは、師輔の信心、天神の加護のためである。

【絵】画面は良種が最鎮らに託宣を告げるところ。良種は前段と同じく衣冠の姿で、二人の僧は一人が扇を手にする老相で、一人がやや若い姿である。三人の周囲に何も描かないのは社殿造営以前の右近の馬場の様子を示しているためだろう。彼らの背後には一夜にして生えたという松が大小三本ずつ生えており、その根元には笹も見える。

### 巻下　第四段　虫喰和歌　（一一二頁）

【詞書】円融院の御時、貞元元年（九七六）から天元五年（九八二）の七年の間に三度まで内裏が焼亡した。再建の折、番匠たちが紫宸殿の裏板に鉋をかけて磨いたが、翌朝来てみると虫が食った跡があり、文字が記されていた。そこには「つくるとも又もやけなんすかはらやむねのいたまのあはぬかきりハ」とあった。

【絵】内裏造営の場面。荷車で木材を運ぶ荷夫と車から放たれた牛が身を横たえるところから画面は始まり、続いて、僧が持った巻子に目を落とし、官人たちがたたずんでいる。その左手では番匠たちがさまざまな作業に携わり、地面には鉋屑が散乱している。画面左上の屋内では、虫喰和歌の刻まれた板を僧や官人たちが検分するさまが描かれている。

### 巻下　第五段　官位追贈　（一一五頁）

【詞書】一条院の御時、正一位（詞書では「正二位従一位」とある）左大臣が追贈された。この位記は菅原幹正を勅使として、正暦四年（九九三）八月十九日、大宰府に下りもたらされた。翌日、安楽寺に参って位記の入った箱を捧げ、礼拝したところ、「忽驚朝使排荊棘　官品高加拝感成　雖悦仁恩覃邃窟　但羞存没左遷名」の絶句が化現したことは大変恐ろしいことである。この正文は外記局に今も収められており、小野道風の筆跡に少しも違わないという。弘法大師が菅丞相は我が違世の身、道風は順世の身と示したことはこのことだったのである。この度の贈位贈官は神慮にかなわぬと群議があり、翌年正一位太政大臣を贈ったところ天神の御心にかなったものか、「昨為北闕被悲士　今作西都雪恥尸　生恨死歓其我奈　今須望足護皇基」の句が託宣された。この詩こそ、一度詠ずれば一日に七度の守護が得られるというもので、無実の罪を得た者も、天神に祈念すればその霊験にあずかることができる。

【絵】画面は霞がたなびき、樹々に囲まれた、基壇の上に立つ宝珠をいただく建物から始まる。これこそ道真の墓所だろう。その左手の社殿の前では、勅使菅原幹正が道真への贈位贈官の位記を読み上げている場面が描かれる。社殿の前には、八月の出来事にもかかわらず紅梅の花が咲き、廊には獅子・狛犬が置かれている。幹正の前には机が置かれ、幣が立てられるとともに二巻の巻物が見え、さらにその隣には、風にあおられるかのように舞い降りてきた一枚の紙がある。これこそ追贈を拒絶する天神の「絶句」を記した料紙であろう。画面左手には小さな川が流れている。

### 巻下　第六段　待賢門院女房　（一一九頁）

【詞書】北野社の繁栄は村上天皇の御世からだという。官位、福禄、智恵、臨終正念、往生極楽の願いでかなわないものはない。待賢門院がまだ鳥羽天皇の中宮だったとき、ある女房の衣が盗まれ、疑いをかけられた女房は、七日間北野社に参籠し、「おもひいつやなきなたつ身はうかりきとあら人神になりしむかしを」の和歌を詠んだ。その日、敷島という下仕えの女が盗んだ衣を被いて鳥羽院の御前で狂い回ったということである。

【絵】画面は疑いをかけられた女房の北野社参籠と、敷島が踊り回ったという場面からなる。前半、北野社の社殿前の廊の手前、板の上に後ろ姿で坐すのが疑いをかけられた女房である。墨色の衣被をかぶり、冊子状のものを手にして何やら読み上げているようである。その下部には紅梅が咲き、塀や門の上には鳩と思われる鳥が三羽止まっている。画面左手には番の鶏が、画面奥には垣のめぐらされた樹木が見える。その左下、松樹の下にある小さな社は下巻第一段で綾子が造った社殿と同型のもので、鏡を思わせる白い円形のものがあるのも同様である。この社殿と松の下部を隠す霞に続いて鳥羽院の御所が描かれる。庭の樹木の下には男二人が身を乗り出し、敷島の様子をうかがう。屋内の廂では、敷島が盗んだ衣を被き、右手は額あたりにあげ、左手は袴を持つ。他の伝本では、敷島は上半身衣を脱いだ様子で描かれることも多いが、本作ではこうした表現はなされていない。御簾の隙間からは五人の女房の顔が見え、敷島を覗き見ている。さらに画面左手には、衣冠の男性二人が顔を伏せた様子で描かれている。

### 巻下　第七段　世尊寺阿闍梨仁俊　（一二三頁）

【詞書】治部卿藤原通俊の子で、世尊寺阿闍梨仁俊という貴い人がいた。ある女房が、仁俊は女性と通じていると鳥羽院に讒言したので、仁俊は心穏やかならず、北野に参籠して「あはれとも神々ならハおもふらん人こそ人のみちをたつとも」と詠んだ。すると件の女房が紅の袴をまとい、手に錫杖を振って、仁俊に嘘を言った報いと言って狂い踊った。院宣により仁俊を召し出し、この女房を助けるよう伝え、仁俊は不動明王の真言をひとたび唱えるとやがておさまった。仁俊には薄墨という名馬と種々の禄が下されたということだ。

【絵】画面は物語の後段、鳥羽院の召しで仁俊が御所に参ったところから始まる。中央には紅の袴をはき、上半身を露わにし、長い髪を垂らした女房が右手に錫杖を持ち踊り狂っているところ。この女房は他本では画面のこちらを向かせて描かれることが多いが、本作では背を向けて描かれている点に特徴がある。その右手には束帯の男性が坐し、左手には仁俊とその従僧と稚児二人が描かれている。仁俊は両手を合掌しながら数珠を繰り、眉の長い老齢の姿で、わずかに口を開け、真言を唱えている。建物の奥は菱文の襖によって閉ざされている。築地塀を隔てた左手は仁俊が禄物を賜るところ。扇を頭のあたりに掲げる稚児は前の場面にも同じ人物が確認できるが、残る二人の白い衣の稚児形の人物は牛飼童だろうか。仁俊は両手で数珠を繰るかのように描かれるが、数珠そのものは確認できない。その左手にはもう一人の僧の姿がある。彼らの視線の先には二人の官人が名馬薄墨を引く様子が描かれている。馬を引く綱は墨線の上から白色の絵の具でなぞっている。

## 巻下　第八段　仁和寺阿闍梨　（一一七頁）

【詞書】北野社の神輿が西京の御旅所にあった時、仁和寺の阿闍梨が牛車に乗ったまま通りかかると、たちまち牛が倒れ伏して死んでしまった。その後阿闍梨は病にかかり、一、二年具合が悪かったので北野社に参り、詫状を捧げたところからくも命を取り留めた。このようなことは数えられないほどある（仁和寺阿闍梨）。

八月の祭礼も村上天皇の頃から始まり、朝廷の沙汰として大蔵省が担当した。神威は厳重で、儀式は希代である（八月祭）。

【絵】画面右手に仁和寺阿闍梨の乗る牛車を、左手に北野社の御旅所を配す。前の御簾が巻き上げられた、八葉車に乗る阿闍梨は右手で車の柱を持ち、左手で水晶と思われる数珠を持つ。車が急に止まった様子を巧みに描いている。車の周囲には四人の僧形と一人の童形がいる。牛は前足を膝折りし、後足を大きく上げ、体を大きくひねった様子で、青色の舌を出し、その口からは薄墨がゆらめき立ち、吐息のようなものを表わしているのだろうか。牛の左手には牛飼童が暴れる牛を御そうとしている。画面左手には、朱の斎垣を斜めに配し、中央には榊と思われる枝を添えた鳥居を置く。垣の近くでは、子ども、男、僧、女がこの様子を見つめている。

## 巻下　第九段　仁和寺西念　（一二九頁）

【詞書】後三条院の御時、延久二年（一〇七〇）九月の頃、仁和寺池上の西念という五十歳ばかりの僧が北野社に百日参籠し、夜通し祈りを捧げていた。人々はこれをあやしみ、無実の罪を訴える人かと噂し合った。九十三日目の暁がた、西念が師とする僧に泣く泣く語るには、年来の宿願がかない、今年の正月に熊野那智山に百日参籠し、自らの死期を示し給えと祈った。百日目の夢に、戸を開いて七十歳ばかりの高貴な老僧が現われ、往生の日は私には示しがたいため、北野社に参り、祈り申せとおっしゃられたため北野社に参籠した。そしてこの暁にしばしまどろんで夢かうつつか分からない状態であったところ、御殿から直衣の袖だけが出て、お前の望み申すことは簡単なことではないが、往生の志が篤いため、来年二月七日の朝と考えておくように。他のことは考えず、念仏を唱えなさい。どんな人も心がけによって往生することはできるが、臨終の際は魔縁の誘惑があり、遂げることができる人は少ない。私に祈れば、成就することができるだろうと示現があった。そのためこの僧は泣いていたのである。次の年の件の日、この僧が訪ねて行ったところ、西念は願った通り臨終の際は心乱れることなく、異香が立ち込め、往生を遂げたということである。

【絵】北野社の社殿に参籠する仁和寺西念。右手を質素な脇息に置き、左手に冊子状のものを持つ。その前には火鉢が置かれているが、こちらも白木に絵を描いたような素朴なもので、上巻、中巻の道真周辺の調度がほとんど漆塗りであったことと対照的で興味深い。西念の背後には六曲屏風が背を向けて置かれ、緑色の縁裂と絵の一部がわずかに見える。画面上下に霞を配すのは、これが夜の情景であることを表わす。その左手には番の鶏がおり、さらに左手にはこれまでにも登場した綾子の社と思われる小社が見える。ただし、これまでは画面右手を開口部としていたものを、本段では反時計回りに九十度回転させたものとなっている。この小社と地続きでいくつかの樹木があり、崖を隔てて西念往生の場面を配す。一番右手で合掌し、瞑目するのが西念だろう。その僧に対面して数珠を手にかけ合掌するのが、天神の託宣を告げられ、この往生を目撃した師の僧と思われる。その手前には手に数珠を持つ僧が画面左手を振り返るが、これは来迎のさまを目撃したことを示している。この僧の足元には草履が無造作に置かれているが、これはこの二人の僧が急ぎこの場に駆け付けたことを表わしている。縁先には老齢の人物、稚児、僧形がおり、さらに透垣の手前には尼がこの様子をうかがう。この透垣は下部が壊れており、西念の清貧な暮らしぶりを想起させる。対して透垣から大きく張り出した白梅は見事な花を咲かせており、西念の往生が天神の加護によるものであることが暗示される。画面左手上部には、雲上の五人の聖衆が楽を奏でるさまが描かれる。

## 巻下　第十段　銅細工娘（一）

（一三五頁）

【詞書】白河天皇の御時、承保二年（一〇七五）、京都の西七条に貧しい銅細工師がいた。十二歳と十四歳になる娘二人がいたが、母は病となり、この二人の行く先を思い、新しい妻を迎えてくれるなと泣く泣く夫に訴え、亡くなった。夫は約束を忘れ、幾ほどなくして新しい妻を迎えると、今も昔も変わらないことだが、この妻は前妻の娘を憎み、四、五日も食べ物を与えず、命を絶とうとしていた。

【絵】後妻を迎えた後の銅細工師の家の様子。画面右手では銅細工師が仕事をしている。傍らには鞍が置かれ、この金物を作っているようだ。住居部分には、画面右上で炊事するさまが描かれる。炉の近くで指を差すのが継母だろう。傍には蓋が付き紐で結ばれた箱が置かれている。この家の家計を継母が掌握していることの表現と考えられる。その下部には前妻の子である姉妹が背を丸め、うつむいている。彼女たちは筵の上に坐しているが、継母は畳の上に坐していることも、この二人が継母にいじめを受けていることの表現である。銅細工師の工房には鳥籠があり黒い鳥が飼われているが、餌皿には餌のようなものが置かれており、食を与えられない継子たちとの対比がなされている。あわせて屋外には母犬とじゃれつく子犬が四頭おり、畜生における母子の情愛とこの家における人間の母子の関係性がこちらも対比的に描かれている。

## 巻下　第十一段　銅細工娘（二）

（一三七頁）

【詞書】姉妹は北野社に参籠することにした。夜も昼も涙を流して天神に助けを求め訴え、このままでは父母の孝養報恩もできないため、命を召してくださいと申し上げた。すると同じく参籠していた播磨守有忠が驚き、姉を呼び寄せ事情を聴くと、やがて妻とした。妹は宮仕えをさせ、宮を生むことになり、思うままに供養ができるようになった。託宣には、孝養の気持ちが深いため、加護を与えるとあった。天神への崇敬の念深く、この社に参る者は、いかなる望みもかなえられるとのことである。

【絵】北野社参籠の場面で、本作では慣用表現である画面の天地に引かれた霞は、この場面が夜であることを示す。虎革を敷いた鞍を置く馬は、播磨守の富を象徴する。前段の銅細工師の工房にも鞍が置かれていたことが想起される。その近くの三人も播磨守の従者だろう。うち童子形の差す太刀の尻鞘には馬の鞍と同じく虎革が用いられている。屋内には二人の僧が数珠を持って祈りを捧げ、二人の間には冊子状のものを持つ女性が祈る。その下部の、一人敷物に坐す白い衣の人物が播磨守、この男に手を取られるように描かれるのが妻となる姉である。

## 巻下　第十二段　銅細工娘（三）

（一三九頁）

【詞書】北野の天神の利生により、この姉は播磨守の妻となり、大変富み栄え、父母のために堂塔を造り、後には出家して往生を遂げたということである。

【絵】播磨守の邸宅の様子。屋内の御簾越しに坐すのが姉、その隣にいるのが播磨守である。この部屋は波を描いた襖が取り囲む。この二人の下部の地面には扇を手にした童子形が厳しい表情で画面左手を見つめている。その視線の先には二頭の馬がおり、馬の検分をしているようである。周囲には三人の従者もいる。画面をふさぐ樹木を隔てた左手には、父母のために建てた大塔と立派な堂が描かれる。堂の前には右手で杖を突き、左手に数珠を持つ僧が立っている。

# 詞書翻刻

## 巻上 第一段 序・道真化現 （五頁）

王城鎮守神□〔々〕おほくましませと
当社ハ霊験あらたにましeveryます
ゆへにあけの玉かき再拝せぬ人
なし叩は必こたへ仰ハ必のそむ
秋の月の水にうかふことしあか月
のかねの霜にわするにたりしか
あれは一人もかふへをかたむけ万
民もたな心をあはすめり爰に一条
院御宇寛弘元年きのえたつ十月廿
一日かのとのうしの日はしめてこの宮に
行幸なりしより建久の今にいた
るまて聖主十六代つもるとし月ふた
もゝちの春秋をへにけりそのあひたい
つれの世にかハ天満大自在天神をあふ
きましまさぬ昔をたつぬれハ文道の
大祖風月の本主也或ハ天下に塩梅
として帝図をふたうしあるひハ天上
に日月として国土を照し給へりあは
れめてたくましlます権者の化現
かな菅原院と申ハ菅相公是善家也
相公平生のそのかみの家の南庭に五六
歳ハかりなるこちこのあそひ給けるを
相公見給て容顔体皃たゝ人にあら
すとおほして申給様きみはいつ
れの家の子男そなにゝよてきたり
あそひ給ふそとのたまふにこのちこ
答てのたまふやうさせるさたまれる
居所もなし父もなく母もなし相公
をゝやとせんと思はんへるとおほせら
れけれハ相公返々よろこひてかき
いたき給けりこれを菅贈大相国とハ
申也と日記にハはむめり

## 巻上 第二段 幼時詩作 （一〇頁）

さる程に生年十一歳になり給ける
に相公こころみに詩作り給てんやと
のたまひけれハ詞もかわかぬに
月耀如晴雪　　梅花似照星
可憐金鏡転　　庭上玉房馨
とそつくりまし〳〵ける十三四になり
給てハ相公の才智にも殆すくれたま
ひけり天下にならふ人なくおはし
ましけり
氷報〔封〕水面聞無浪　雪点林頭見有花
これこそ十四歳にてつくらせたまひ
ける秀句と承はり侍へれ

## 巻上 第三段 大戒論序 （一三頁）

伝教大師大唐に渡りて円頓の
芔の大戒つたへて叡山に戒壇を
立とせしとき諸宗ゆるさゝりしか
は大師顕戒論三巻をつくりて
弘仁天皇にたてまつり給しかは
諸宗のうれへにもよらすして
同十三年六月十一日叡山のうゑに
戒壇を建立すへきよし宣旨くた
されにきされとも論者東西にあひ
たかひに鉾楯せしかハ慈覚大師
これをいたみて顕揚大戒論をは
ゑらひたまひしか安恵和尚先師の
一言をかんして八巻となしてこれ
を三際につたへ十方にひろめんと
おほしてくひにかけて菅相公の
家にいたりてこの文の序書たま
はらんとのたまひしに相公思食け
るやうこの文ハ朝家の宝衆生の灯
なりミつからハゑかゝし子なりとも此
君にこそかゝせまいらせめと思食てかく
と申給けれハ貞観八年十一月の事
なれハ天神の御としハ廿一二にて位官も
いまたあさく文章の生にてましまし
けれともかゝせ給たりける序の文こそ
天台宗の第一の宝にてあら人神の御
筆なれハとて今日いまゝてめてたき
ふしきに申あひけれ所々申侍へし
我本朝馳神真際求法道邦先請業
者偏執律儀後研精者更得円戒猶
如前途覆車而未帰晩進指南而必
達乃至殊恨保執者自謂除非小律儀
更無大乗戒遂毀梵網宗以為沙弥宗
貶三聚教以為非僧教悲哉知其一而未
知其二乃至我大師慈覚博窺三権之膏
盲新増一実之脂粉
とこそかゝせ給たれあはれにめてたき
権者の利益なるへし

## 巻上 第四段　良香邸弓場　（一八頁）

貞観十二年青陽の春比都良香
か家にて門生等か弓遊しけるに行
逢給たりけり亭主思やうこの君ハ
とほそをとちしきゐを出すして
机案にひちをくたしつ丶弓のもと
すゑハしらせ給はしとおもひて簾の中
にかくれゐてこ丶ろみに御弓いさせ
給てんやと申給けれは弓場につい
たちて弓に矢をさしはけてひき
わたしたまひたる御すかた養由かかひ
なつきまのあたりミつるかなとおの〳〵
目もおとろくほとに二度はなち給へハ
ふた丶ひあたる百度はなち給へは
も丶たひあたるむかしもきかすいまも
見すいきをひたいはいたとへんかたおハ
しまさす都良香おとろきあさみて
射策中鵠之徴なりとそ相申けるや
かてそのとしの三月廿三日献策しまし〳〵
きミやこの言道問頭のはかせにて二問
のうちに句ことに数義を含して徴事
かきりなかりけりこれをこたへ給に
文辞甚美にして義理ミな通しきさ
れとも凡夫に似同せんかために一事
しらさるけしきにてしはらく思案し
まし〳〵き其時橘広相毛沓さしはき
省門にたちよりこの事をうち見て
馬にむちうち嵯峨の院〔隠〕君子の御許
にまいりてかくと申けれハ院〔隠〕君かむか
へあたへき則省門にかへりてひそかに
つたへ申けるこそ権者のふるまひハ
はかりかたくおほゆれそれよりのち
こそ献策の庭にハ人をもよせぬと
うけ給はり侍る

## 巻上　第五段　吉祥院五十賀　（二二頁）

寛平六年なか月のころ門徒の人〳〵たか
きも賤も吉祥院にあつまりて五十の
御としの悦の会修せしめけるとき法
会の庭のおもをミやれハわらうつは丶き
したるおきなの願文に砂金をとりそへて
漸あゆミよりつ丶堂の前の案の上にお
きていふ事もなくしてにけさりぬあやし
と思てひらきミけれハ
伝聞菅家門客共賀知命之年弟子雖
削跡人間無名世上而数記淳教之風多
改惷昧之過古人有言無徳不報無言不
酬深感彼義欲罷不能故福田之地捨此
沙金〔金〕全以表中誠之不軽沙以祈上寿之無
涯莫疑其人可求其志遠居北闕之以北
遙増南向之和南
とこそか丶れ侍けれ其時少僧都勝延その会
導師にて讃談〔歎〕しきかたしけなくも天子の修
する所也希代の勝事とそふるなの弁説をのへ給ける

## 巻上　第六段　任大納言大将　（二六頁）

同七年三月廿六日延喜の御門春宮にて
おハしましけるに令旨をくたされき我聞大
唐国に一日に百首の詩を作たる人あり汝
か才智ならひなく七歩のあとをたつねたり
心みに一時のうちに十首詩を作てんや
則十事の題目を給て酉剋よりいぬの時
にそつくりてたてまつりたまひける
送春不用動舟車　唯別残鶯与落花
若使韶光知我意　今夜旅宿在詩家
さて次年かさねて又令旨を承て二時の
うちに廿首の詩を作てまいらせたまひけ
れハむかしもいまもか丶るふしきなしとその丶
しり給ける又寛平九年六月に中納言より
大納言にのほりてやかて其日大将の宣旨
くたりしかハ三度まて御辞退ありしかと
ゆるされすしてそのとしの十月に延喜の御
門位につかせ給て万機を摂録し給けり

## 巻上　第七段　任右大臣　（二九頁）

昌泰二年二月にそ右大臣にあから
せ給ける昌泰三年八月かとよ
祖父三位家の集菅相公の家の集
我文章廿巻もらさす天覧にそなへ
給しに叡感のあまりに詩をそつく
らせ給ける
門風自古是儒林　今日文花皆悉金
唯詠一聯知気味　況連三代飽清吟
琢磨寒玉声々麗　裁製余霞句々侵
更有菅家勝白様　従茲抛却匣塵深

これこそハ延喜の御門の御製にてハ
侍れ

## 巻上　第八段　椋木法皇　（三二頁）

さて昌泰三年正月三日朱雀院に行幸
ならせ給て延喜の御門と寛平法皇と
御ひたいをさしあはせて密事あり
けり左右大臣のともに天下のまつり
事をすることあしきことなり菅丞
相ハ重代にあらすといゑとも渭水のなか
れをくみて商山の風をあふき賢
をゑらひ徳をたとふ人なれハとて此人
にさためられぬ
胡広累世之農夫也伯始致位公相黄
憲牛医之胤子也叔度名動重〔京〕師
か丶る故に法皇と御門との御前にめし
いたされて天下のまつりこと一人して
奏下すへきなりと仰くたされぬこの
事を菅丞相はしきりに辞退申給け
れともおさまらす左大臣此事をいき
とをりてうらみふかくなりてやう〳〵の
無実をかまへて光卿定国卿菅根
朝臣もろともに勅宣と称して種々の
珍宝をあたへて冥官をまつり皇城
の八方に山野をしめて厭術の雑宝
をうつミ給けるされとも菅丞相ハ我
身も子孫も呪咀さらにおふましき
術をほとこし給てこのころ八九代の
苗裔まて繁昌の門として儒業たう〔ゆ〕
る事なかりけりしかりといゑとも
延喜のひしりの御門ハ其時御とし
十六七はかりにやいとけなくおはしま
すへきほとなれと仁流秋津州外恵茂
筑波山之蔭紫霄〔星〕之上皇位静蒼海
之中浪声和思ハさりき昌泰四年正月
廿五日に左大臣の讒奏によりて大宰
権帥にうつされて流罪の宣旨くたさ
るへしとハ菅丞相かなしひのあまりに
たえすして三十一字を連て亭子の法
皇にそたてまつり給ける
　なかれゆく我ハミくつとなりぬとも
　　君しからみとなりてと丶めよ
法皇此哥を御らんしてかなしみの
あまりに御なみたにむせひてさりと
も御門も我御子なれは申さんになとか
かなハさらんと思食つ丶十善の御足に
きたなき泥をふミつけて上西門を
さし入て清涼殿にちかつきまし〳〵て
かくまいりたるよしおほせられけれと
も其時すかねのきやうくらんとのとうにて
むかし殿上の庚申の夜の御あそひに
つらをうたれまいらせたるうらみふかく
て奏申給ハさりけれハよのなかあちき
なくうらめしく思食て大庭のむくの木
にたちやすらひたまひて夕日山のハに
かたふきなミたにもくれつ丶還御なり
しこそあはれにもあさましくおほゆれ

## 巻上　第九段　紅梅別離　（三七頁）

ついに勅宣おもくして男女の御子廿
三人の中に男子四人ハおなしく四方に
なかされきおとなしくおハしましける
ひめきみハミやこのうちにと丶められて
いとけなき君達ハくしまいらせていて
させ給ける事のあはれさこそたとへん
かたもなかりけれさて紅梅殿にあひせ
させ給ける梅を御覧してこ丶ろなき草
木にもちきりをそ結ひ給ける
　こちふかハにほひおこせよむめのはな
　　あるしなしとてはるをわするな
　さくら花ぬしをわすれぬものならは
　　吹こん風にことつてはせよ
さて此御うたのゆえにつくしへハこの
むめハとひてまいりたりと申はへるめ
りこのあひたのあはれさかきつくすへか
らす

## 巻上　第十段　牛車配流　（四〇頁）

おもはさりき大臣の大将より大宰の
権帥にうつされて輔弼阿衡の貴名を
あらためて配流左遷のつたなき名を
つくへしとハ朝の露をは袖のうへにう
ちはらひよふことりの声こそ枕のうへに
友となれ承和四年にむまれて仁明文徳
の御代にはいとけなくまし〳〵き貞観
よりつかへて五代の帝王の御ゆきに

一度もはつれすつかまつりしにあらぬ
すかたにて西海におもむく事いかにすへ
しともおほえす生死無常まのあたりに
きたりておつるなミたをともにしてあし
わけをふねにのりて浪にたゝよひてこゝ
ろならすこかれゆくこそむかしのつみのむく
ひはつかしくてこゝろにまかせぬいのちの
うらめしさよかせにまかせてひつしのあ
ゆミちかつき傅築巌辺禍〔耦〕范舟湖上
篇〔扁〕我身いかなる宿業にひかれて旅のそら
にたゝよひて三峡五湖の暁の浪になみた
をもなかしそへ呉坂楚嶺のよな〳〵のあ
らしに目のミさましつゝ都をいてゝ後
月日かさなれともねふる事なけれハゆめ
にみる事なしいまハたゝたなこゝろをあ
はせて罪業のふかき身を懺悔して極楽
にまいらむとおもへともやすからぬおも
むねにみちてかならすこれらを思食て
つくらせ給たる廿八韻の詩をか〔き〕くこ〔に〕そ
なミたもとゝまらぬ所々申侍へし
自従勅使駆将去　父子一時五処離
口不能言眼中血　俯仰天神与地祇
東行西行雲眇々　二月三月日遅々
重関警固知聞断　単寝辛酸夢見稀
山河邈矣随行隔　風景暗然在路移
平到謫所誰与食　生及秋風定無衣
古之三友一生楽　今之三友一生悲

## 巻上　第十一段　船出配流　（四四頁）

みちのとをくなりけれハ御心ほそく
おほえてきたのかたへたてまつらせ給ける
御哥をきくこそあはれにハ侍れみや
こにハ此御哥を御らんして紅のなミた
なかさせ給けるもまことにいかはかり
の事をおほしけん
　君かすむやとの梢をゆく〳〵と
　かくるゝまてにかへり見しかな
あきゝりのうへにかりかねのきこへけ
れハつくらせたまひける
我為遷客汝来賓　共是蕭々旅漂身
攲枕思量帰去日　我知何歳汝明春
又御心のうちにおもはせ給ける
離家三四月落涙百千行万事皆如
夢時々仰彼蒼
此詩をハ御心のうちにこめおきて
くちのほかへもいたし給ハさりけれと
も大唐国に人々あまた詠しける
こそおそろしけれみち〳〵つくしに
なか一年おハしましけるおり〳〵に
つけてものによそへてあはれなる
事のミありけれは
　ゆふされハ野にもやまにもたつ煙
　なけきよりこそもゑまさりけれ
又あめのふりけるに
　あめのしたかくるゝ人もなけれはや
　きてしぬれきぬひるよしもなき

## 巻中　第一段　恩賜御衣　（五三頁）

抑昌泰三年なか月の十日宴に正三位の
右大臣の大将にて栄花ハきくとゝもにひらけ
たり叡感ハしくれとおなしくくたりきその
九日の後朝そかし
君富春秋臣漸老恩無涯岸報猶遅
とつくらせ給たりしに叡感のあまりに御衣を
ぬきてそかつけ給たりし此御衣をつく〔し脱カ〕まて
持て都のかたみにハ御らんしけり次年の九
月十日こその今日思食出てつくらせ給けんこそ
あはれにハおほゆれ
去年今夜侍清涼秋思詩篇独断腸
恩賜御衣今在此捧持毎日拝余香
まことに菅家の御草ハ心もおよふへきに
あらすとそ博士たちハ申侍ける
都府楼纔看瓦色観音寺只聞鐘声
といふ詩をは白居易の遺愛寺鐘攲枕
聞香鑪峯雪撥簾看といふ詩にハまさりた
りと博士たちハ申侍ける

## 巻中　第二段　送後集長谷雄　（五六頁）

昌泰三年八月より後西府にしてつく
らせ給たりける詩をあつめて後集と
なつけて延喜三年正月の比心神漸
例にたかひ給しに箱のうちにおさめて
中納言長谷雄の卿の許へをくりつかハしき
紀納言是をひらきて天にあふき地に
ふしてなきかなしミ給けり此後集中に
あはれにきこゆるハ九月十三夜の皓月に

心をすまさせ給けるときつくらせ給ける
昔被栄花簪組縛今為貶謫草萊囚
月光似鏡無明罪風気如刀不破愁
随見随聞皆惨慄此秋独作我身秋

### 巻中　第三段　天拝山　（五八頁）

鎮西におハしましけるあひた御
身につみなきよしの祭文をつく
りて高山にのほりて七个日の程
天道にうたへ申させ給けるとき祭
文漸とひのほりて雲をわけていり
にけり上梵天までもいたりぬらむ
とそおほえし釈迦菩薩ハ往〔住〕劫に底沙
仏の御もとにて七日七夜足のゆひ
をつまたて、
天地此界多聞室逝宮天処十方無丈
夫牛王大沙門尋地山林遍無等と讃
歎せしかハ九劫をこへて弥勒にさき立
て仏にはなり給しそかし菅丞相ハ現
身に七日七夜蒼天に仰て身をくた
き心をつくしてあなおそろし天満
大自在天神とそならせ給ける延喜
三年癸亥二月にそ十二縁にやとされ
たる五陰のすかたをすてつとハしめし
給ける昔釈尊入滅の二月十五〔日脱カ〕のかな
しみにハ五十二類ちのなミたをなかし
今宰府の二月廿五日の別にハ六十余州
身の毛こそよたちけれ十号の世尊も
非滅現滅にハ闍維の煙にむせふ事な
れハおさめまいらせん事をさためける

### 巻中　第四段　安楽寺埋葬　（六二頁）

さて筑前国四堂のほとりに御墓所
を点しておさめたてまつらんとしけ
る御車忽に路中にとゝまりてはたら
かす其所をはしめて御墓所とさため
て今の安楽寺と申也菅丞相の薨
御ハ一天に雨のことくふり四海に浪の
声かくれなし

### 巻中　第五段　柘榴天神　（六五頁）

其後いくはくをへすして延暦寺の第
十三座主法性房尊意贈僧正其時御
年四十許にやおはしけん月日ハたし
かにおほえす三伏の夏夜五更いまたい
たらさる人しつかなるに四明の山のうへ
九識の窓のうち十乗の床のほとりに
智水をたゝへ三蜜〔密〕之壇の前に観月を
すましておはしましけるに思かけす坊
のつまとのほとく〳〵となりけれハをしあ
けて見給に菅丞相の化来しておハし
ましける也うやまひ畏たてまつりて
持仏堂へいれまいらせてありけれハ菅
丞相おほせられける様我ハ梵天帝尺
のゆるされを蒙り神祇のいさめも
あるまし花の宮こにいたりつゝ龍顔に
ちかつきうれへをものへあたをも報せ
んとおもふに禅室はかりこそ法験をも
ほとこしおさえ給へきにたとひ宣旨なりと
いふともあなかしこうけ申させ給事あ
るへからす年来の師壇〔檀〕のちきりハこれに
ありとおほせられけるに法性房申させ
給ける様師壇のむつひハ一世のちきりに
あらす眼をぬくともなにかハいたからん但
天下ハ皆王土也此地にすみなから宣旨
三度にいたらハいかゝと申させ給しに御
気色すこしかはらせ給て御のとかハか
せ給らんとてすゝめまいらせたりける柘
榴をつま戸にはきかけていてさせ給
にその柘榴ほむらにあかりてつま戸に
もえつきたりけれハ贈僧正灑水の印を
結てかけられたりけれはその火ハきゑに
けりこかれたりけるつま戸はいまた本
房にあり世のすゑの不思議也

### 巻中　第六段　時平抜刀　（六九頁）

其時おそろしき雷電しきりにして
世中くれふたかりていかつちのこゑに
おほくの人きも心くたけてしにまと
ひけり清涼殿のうちにハ本院のおとゝ
一人たちをぬきて朝につかへ給しにも
我次にこそおハせしか今神となり給
たりとも我に所をおかて思かことくに
はさすかにいかてかとてひか事にそと
にらみてそたち給たりし

### 巻中　第七段　尊意渡水　（七三頁）

さて御門おそれさわきて法性房の贈僧正のもとへ宣旨三度までなされしかハ僧正参り給き鴨河の洪水さりのきて陸地になりけりさてとをり給しそ法験も目出く皇威もおそろしかりし

### 巻中　第八段　時平薨去　（七五頁）

さて様々にこしらへたひらけたてまつりてそしハしハなため申たりしかついにハかなはさりけり延喜八年十月の比菅根卿はあらたにけころされぬ同九年三月に本院のおとゝなやミ給にさま〳〵の御祈もしるしなくおほえて菅丞相の霊気とハ心のうちにさとりにしを法験はかりそたすけ給とて清涼房の玄照律師の弟子善相公の胤子浄蔵貴所こそ年いまたはたちにハたらはねとも験徳いたりてたうとく種々の才芸ならひなしとて四月四日請しよせ給ていのらせたまひけり其日午剋ハかりに善相公とふらひにまいり給たりけれハおとゝの左右の耳よりあをきくちなハの頭をさしいたして善相公につけていひけるやう我申文をつくりて梵天帝尺にうたへ申によりてはやく怨敵をほろほせとことはりをかふれり汝か子の浄蔵我を降伏せんとすせいせられよとくちなハしたをひろ〳〵とす善相公おそれをのゝきかしこまりて浄蔵につけてやかて出にけり其時本院のおとゝハやかて薨給ぬ又御女の女御々孫の東宮も又一男八条大将保忠三男敦忠中納言いつれも〳〵のこらすうせ給にけり右大臣顕忠のミこそ二位の大臣までならせ給たれそれハ菅丞相の御事をふかくおそれ給て大臣にて六年までおハしましけれとも御ありきにハ御前をたにもくしたまはすよろつにおそれて昼夜に菅丞相を祈念しまいらせてそおハしける此家の人なれとも仏道にいりたる君達のミそ僧都法印僧正にもなり給ける三井寺の心誉興福寺扶公石蔵の文慶也此御すゑのいみしかりけるは敦忠の三男兵衛佐佐理一家の有様をおもひつらねて世中あちきなしとて出家入道して往生したるのミこそかしこくハ覚れ

### 巻中　第九段　公忠奏上　（七九頁）

小松天皇の御孫延喜の御門にハいとこにて右大弁公忠と申人おハしけり延喜廿三年卯月の比頓死して両三日といふによみかへり給て家の人〳〵につけていひき我をくして内裏へまいるへしと申これをきく人〳〵物にくるふと申あひけりされともその詞ねんころにてあなかちに申けれハ子息信明信考〔孝〕二人にたすけひかれて内裏へまいりてこのよしを奏申給けれハ延喜の御門おとろきさわきて出向給しに奏申給やうこそおそろしくハ侍れ公忠頓死して炎魔王宮にまいりて門の前にてしハしミる程にたけ一丈あまりなる人の身には束帯うるハしくして手に金の文はさみに文をさしはさみてさしあけてうたへ申給を耳をそハたてゝ承しかハ延喜の御門のしわさともやすからすと様々に詞をつくしてうたへうれへしに菅丞相とはさとりぬ其時緋や紫まとひたる冥官三十余人ならひ居たりしか第二座に居たる人すこしあさわらひて延喜の帝こそ頗荒涼なれ若改元もあらハいかゝと申されし也と奏申て還給にき御門これをきこしめしておそれ思食事かきりなしさて四月廿一日菅丞相をハ如元右大臣として一階をくわへて正二位をそおくり給けるやかて昌泰四年二月廿五日の宣旨をやきすてられにけり五月廿五日延喜年号をあらためて延長となされし事ハこのゆへ也又菅丞相の清涼殿に化現しまし〳〵て龍顔にまみえたてまつりてあやまたさりし事をのへ申給けるとき御門恐給てこしらへ給事もありけり

### 巻中　第十段　清涼殿落雷　（八二頁）

延長八年六月廿六日に清涼殿のひつしさるの柱の上に雷火いてきて大納言

清貫の卿のうゑのきぬに火つきてふし
まろひおめけともきえさりき右中弁
希世の朝臣かほやけて柱のもとにたう
れふしこれもちの朝臣ハ弓をとりて向ハ
たち所にけころされ近衛のたゝかぬ紀
のかけつらほのをにむせひて悶絶すこれ
天満大自在天神の十六万八千の眷属の
中の第三の使者火雷火気毒王のし
わさ也

## 巻中　第十一段　延喜帝落飾　（八六頁）

其日毒の気はしめて御門の御身に
いりつゝたえかたくおハしましけれハ九月廿二
日に御位を第十一の皇子朱雀天皇に
ゆつりまいらせて九月廿九日にそ御年四
十六にて御出家しおはしましけれとも
ついに崩御なりにけり

## 巻中　第十二段　日蔵六道巡歴　（八八頁）

其比金峯山日蔵上人と申人金剛蔵
王のおしへにて三界六道ミぬ所もなく
見廻けり承平四年四月十六日笙の岩
屋にこもりておこなひける程に八月一日
午剋許に秘密上乗の床のうゑに鈴を
にきりなから俄に死いりたりける事あ
りけり十三日にそよみかへりたりける
其程ゆめにもあらすうつゝともなくして
金剛蔵王の善巧方便にて天満大自在天神
のおハします所ならひに都卒の内外院
炎魔王宮地獄なとをミめくりたりける
地獄と都卒との依正二報苦楽の有様聖
教にのへたるに露もたかふ所なし天満天
神をハ大政威徳天と申て十方の往来
は大王の即位の行幸の儀式にもすく
れたり御形なとハ申につけておそれあ
り侍従眷属の異類異形の類かそへ
つくすへからす或ハ金剛力士の如くなるあり
或ハ雷神鬼王夜叉羅刹のことく也極楽
浄土の荘厳のことし微妙の宝ミちみ
てり天神日蔵上人に仰られける我ハし
めにハ思きなかれしなミたをたゝへて日本
国をひたしほろほす大海となして八十四
年を経て後国土を建立して我すみかと
せんとおもひしに教法をあひする心かろか
らす顕密聖教のちからにて昔の怨心
十分か一ハやすまりぬ其上に往古の如来
法身の大士達悲願力のゆへに名を明神
にかりて此国にみち給へるか各智力を
つくして我をすかしなため給へハ巨害を
はいたさす但我眷属十六万八千の悪神
等所々にしたかひて損害をいたすをは
我猶とゝめかたき也日蔵上人此事を承
はりハてすうやまひかしこまりて申ける
やう日本国の内にハ火雷天神と称して
尊重したてまつる事十号世尊のことく
也なんそ怨心おハしますへきと申給しかハ
誰かハ尊重すへき仏にならさらんかきりハ
いつれの時にかハ此恨をわするへき但人
信心ありて我形像をあらハして我名号
をとなへてねんころに祈こふ事あるな
らハ我必感応をたれん事響の声に
したかふかことしとこそちきりしめした
まひけれ日蔵上人金剛蔵王の神通の
力に乗して閻羅王界にいたりて王の使
をあひくして諸大地獄をめくりミるに
一の地獄の中に鉄窟苦所といふ所あり
其に四人の罪人あり其かたちすみの
ことし一人ハ肩に物をおほへり三人ハはた
かなり火の上に居たりあか灰の上にう
すくまりてかつてうちゐる床もなく
してむせひかなしむ事かきりなし王の
つかひをしへて云く肩をかくしたる一人の
罪人ハ延喜の御門也のこり三人ハ其臣
下也君も臣もおなしくくるしみをうく
延喜の御門日蔵を招寄給へハうやま
ひかしこまりてまいられけれは御門
冥途にハ罪なきをあるしとすひしり
我をうやまふ事なかれ我か父寛平
法皇の御心をたかえまいらせ無実に
よて菅丞相をなかひ《〔せカ〕》しつみによりて
此地獄にをちたり汝娑婆に帰て我
王子にこの苦患たすけ給へと申へしと
てなミたをなかさせ給けり

## 巻中　第十三段　日蔵奏上　（九五頁）

日蔵よみかへりてこのよしをくハしく

御門に申給けれハ種々の善根いとなみ御とふらひありけりおほよそ国土のさい変ハ天神の眷属のしわさなりとそ蔵王仰られける日蔵上人其後穢悪のはかなきすまゐをふりすて丶清浄の目出蓮のうてなにのほりけり

### 巻下　第一段　綾子託宣　（一〇三頁）

天慶五年七月十二日西京七条二坊住〔に脱カ〕せししつのむすめあやこといひしものに詫宣しましく〳〵て我昔世にありし時しハ〳〵右近の馬場にあそふ事多年宮このほとりの閑勝の地此所にしくハなしされとも非道の罪をかふりて西の海はるかの浪にしつむといへとも潜にかの所に行あそふ時許そすこし心もなくさむほくらをかまえ立寄たよりをゐしめよと御詫宣ハあれとも身の程のいやしさに憚て社をもつくりまいらせて柴の廬のほとりに瑞籬を結て五个年の際ハあかめまいらせし給〔程〕に天暦元年六月九日そ北野へハうつしたてまつりける

### 巻下　第二段　太郎丸託宣　（一〇五頁）

天暦元年近江国比良の宮にして禰宜神のよしたねか子の童の七歳になるに御詫宣ありき我物具はこれにきたりゐし始における也仏舎利玉の帯銀作の大刀笏(ママ)の鏡なともあり老松富部とて二人侍従あり笏をは老松にもたせ舎利をハ富部にもたせたり此等ハつくしより我と共にきたれる物也此二人ハ甚不調のものそこ丶ろゆるしなせそ我居たる左右におきたれ老松をして我居たらん所に松のたねをまかする也我昔大臣たりしときゆめに松身に生て即をれぬと見しハなかさるへき相也松ハ我像の物也我慎〔嗔〕恚のほむら天にミちて諸の鬼王ハ十万五千ありよろつの天変ハミな此等かする也不信ならんものをハけころし正直ならんものをハまほらん皆人賀茂八幡とのミいひて我をはものともせすいつれの神々といふとも我をハおしふせ給はし右近の馬場ハ我すみか也そこには松をうへし但我此界にありし時公事共つとめて仏物をなん申と丶めたる中に天台の灯油分なんと丶めたりし其罪ふかくして自在の身となるといへともくるしき事おほかるを懺悔のために法花三昧堂を立て大法の法螺を時ことに吹ならハ何にうれしからん一大事因縁ハ不可思儀也後集にのせられたる離家三四月といふ詩と又鴈足黏将疑繋帛烏頭点着憶帰家此句を誦せん輩いかにうれしからんといひて此童さめにけり

### 巻下　第三段　社殿造営　（一〇九頁）

良種此よしの御詫宣を身にそえて右近の馬場に向て朝日寺の住僧最鎮法議鎮世等に向て事の子細を相議しけるあひた一夜の中に松おひて数歩の林とそなりにけるさて最鎮とあやこか伴類寺主満増星河秋永とちからをあはせ心をひとつにして叢詞〔祠〕の露をみかき松壖の風をあをきける其後霊験殊勝賞罰掲焉也天暦元年より天徳にいたるまて四〔十四〕十年の際御殿をつくりあらたむる事ハ五个度也天徳三年己未の歳九条右丞相屋舎を作まし宝物をまいらせ給けりこのゆへに九条殿の御子孫いま丶て摂録も絶事なく皇胤もつき給はねは九条殿の信心のちから天満天神の御めくみなり

### 巻下　第四段　虫喰和歌　（一一二頁）

円融院の御時貞元々年より天元五年にいたるまて七年かあひた三度まて内裏焼亡ありけり其時の造内裏の番匠共集参て南殿の裏板にかなかけミかきて次の朝にまいりて見けれハうらにあさ〳〵とむしの三十

一字をくひたりけり

　つくるとも又もやけなんすかハらや
　むねのいたまのあはぬかきりハ

## 巻下　第五段　官位追贈　（一一五頁）

一条院の御宇に正二（ママ）位従一位左大臣の官をハおくりたてまつり給き彼位記詔書等勅使菅原幹正正暦四年八月十九日大宰府にくたりつきて廿日未時に安楽寺にまいりて御位記の箱を案上にさしおきて再拝々々してよみあけ給しにひとつの絶句の詩の化現してありしそ第一の不思儀とハおほえしをそろしくも侍り

忽驚朝使排荊棘官品高加拝感成
雖悦仁恩覃邃窟但羞存没左遷名

件正文ハ外記の局におさめられていまに侍也道風か筆跡にすこしもたかふ事なかりけり弘法大師の菅丞相ハ我遺〔違〕世の身野道風ハ我順世の身なりとしめし給けるも此等にてそ誠にハおほゆる今度の勅答神慮なを心よからすと群儀〔議〕おはりて同五年の比正一位太政大臣の官位をそをくりたてまつり給ける其度そ天神の御心たひらきて一の詩を詫宣させ給ける

昨為北闕被悲士今作西都雪恥尸
生恨死歓其我奈今須望足護皇基

此詩こそ世の人一度も詠するものならハ一日に七度守護せんとちかひまし〳〵けるとハ承れ無実にかゝりたる輩ハ歩をはこひかふへをかたふくれは立所に霊験にあつかりける

## 巻下　第六段　待賢門院女房　（一一九頁）

北野の宮の御繁昌村上の御世よりとそ承はる凡官位福禄智恵臨終正念往生極楽のゝそみ何事も申にしたかひてかなはぬハなしおろ〳〵申へし待賢門院の后の宮と申けるとき女房の衣うせたりけるをあしきさまにいはれける女房七日いとまを申うけて北野にこもりて此哥をそよミまいらせたりける

　おもひいつやなきなたつ身はうかりきと
　あら人神になりしむかしを

とよみたりけれは其日やかてしきしまといふ半仕物のぬすミたりけるか手つからいたゝきて鳥羽院の御前にくるひまはりける

## 巻下　第七段　世尊寺阿闍梨仁俊　（一二三頁）

治部卿通俊の子にて世尊寺の阿闍梨仁俊と申て貴き人をはしき或女房鳥羽院に件僧ハ女心のあるよし讒言し申たりけるに阿闍梨やすからすとおもひて北野にこもりてよめる

　あはれとも神〳〵ならハおもふらん
　人こそ人のみちをたつとも

とよみたりけるときかの女房くれなゐのはかま腰にまとひつゝ手にハ錫杖をふりて仁俊にそら事をいひつけたるむくひよと申てくるひおとりあせりけれ院宣にて北野より阿闍梨を召出してたすくへきよしの仰かふりてひとたひこしんし給へはやかてさめにけり阿闍梨にハうすゝみといふ御馬をなん引て種々の禄をそたひける

## 巻下　第八段　仁和寺阿闍梨　（一二七頁）

仁和寺なりける阿闍梨北野の御輿西京の旅所におはしましけるに車にのりなからとほりけるに其牛にわかに倒臥てしにゝけり阿闍梨かちよりにけゝれともやまひつきて一二年なやミて北野に参て怠状申ていきたりける加様の事ともかそへつくすへからす八月の御祭も村上の御時よりハしまり公家の御沙汰大蔵省のつとめ也神威厳重也儀式希代也

## 巻下　第九段　仁和寺西念　（一二九頁）

後三条院御宇延久二年九月の比仁和寺の池上に僧西念と申もの年五十許にて北野に百日籠て終日通夜

祈請する事ありけり人〱あやしみ
て無実はしおひたるかとて申あふ程に
九十三日と申暁師匠とたのミたる僧
をよひてなく〱申ける西念ハ已に
年来の所望かなひて候此の正月に熊
野那智山に参て百日こもりて臨終
正念往生極楽の定日何日と云事し
めし給へと申侍しに百日と申候し
夜のゆめに御戸をひらきて齢七十
余の老僧の額のなみきひしうかうへの
霜さえたるけたかき御体にてしめ
し仰らる、やう汝か申所の往生の
日我心にはからひかたし北野の宮に
まいりていのり申へし其の御はか
らひにてあるへしと示現をかふりて
さてかくまいりて申程に此暁しハし
まとろミて候時ゆめかうつ、かともいと
わかす御殿より直衣の袖許出て汝か
のそみ申事やすからすといへとも往生
の心さしねんころ也来年の二月の彼岸
の七日といはん朝を期へし其程おもひま
しうる事なくてあミた仏にむかひて
念仏を申へしいかなる人も心さしを
おもへは往生ハやすけれとも臨終の時の
魔縁きひしくてとくる事かたし我に
かく申せは成就すへき也と御示現
かふりて候とてなく〱出にけり此僧
つきの歳の件日たつね行てミけれハ
おもひのことく臨終正念にして異香
薫して往生をとけてけり

### 巻下　第十段　銅細工娘（一）　（一三五頁）

白河天皇御宇承保二年西七条に貧
き銅細工ありけり女子二人もちたり
けり十二十四許にて母わつらひける
に此子共をねんころに糸惜しく思て
おとこに返々契申様あなかしこ〱
此子共のありつかん程継母に見せ給
なとなく〱申てはかなくなりにけり
おとこ契おきし事をわすれてその
年幾程なくて妻をなんまうけた
りけりいまも昔もなさぬ中のならひ
にて此継女をあなかちに、くミけり四五
日物をたにもくわせすなんしていの
ちをた、んとなんしけり

### 巻下　第十一段　銅細工娘（二）　（一三七頁）

人の気色もうらめしくおもひて姉妹
北野に参てこもりにけり夜ひるなミ
たをなかして天神たすけさせ給へと
うれへ申てうせにし母に孝養報恩
をもせぬ程の身ならハいのちをめせと
申ける程に御託宣あらたにて参あ
ひこもりたりける播磨守有忠おとろき
て姉をよひよせてこのゆへをき、て
やかて妻にしけり妹をは宮仕させける
程に宮うみまいらせて目出さかへて
父母の孝養思さまにそし侍ける御託
宣にハ孝養の心さしねんころなりとて
感応ありて我まほりさいわうへしとそ
仰られけるおよそ天神に心さしを
いたしあゆミをはこハん輩はいかなる
のそミかかむなしかるへきとそ

### 巻下　第十二段　銅細工娘（三）　（一三九頁）

北野の御利生によりて此むすめ播磨
守の御前になりて思のま、さかへて
父母のために堂塔をつくりて後にハ
出家して発心の心にちうして往生を
とけてけり

### 巻下　奥書　（一四二頁）

天満天神利生利物薩埵之応現
権化之方便縡入幽玄筆難覼縷
唯旧談之所伝世論之不忘摸之
丹青彰其奇特勒成一部相并
三軸聊依有中丹之緒願所企此
後素之画功也一奉納宝殿之後
再莫出瑞籬之外信心之至　廟鑑
定照感応之余宿望盍成于時宝暦
元応屠維之年玄律大呂告朔之朝
而已

右近将監藤原行長

# 法 量 表

＊単位はcm。表紙・見返・本紙・軸付紙の縦は右端、横は下端、表紙・見返の
横は八双込み、軸付紙の横は軸際まで、欠損の場合は現存の最大値とした。

## 荏柄天神縁起

### 巻上

| 紙数 | 縦 | 横 |
|---|---|---|
| 表紙 | 34.5 | 42.0 |
| 見返 | 34.5 | 41.4 |
| 裏打 | 34.5 | |
| 第1紙 | 33.7 | 51.4 |
| 第2紙 | 34.1 | 51.7 |
| 第3紙 | 34.2 | 52.0 |
| 第4紙 | 34.1 | 52.6 |
| 第5紙 | 34.2 | 52.1 |
| 第6紙 | 34.2 | 51.5 |
| 第7紙 | 34.3 | 52.2 |
| 第8紙 | 34.2 | 22.3 |
| 第9紙 | 34.2 | 51.8 |
| 第10紙 | 34.2 | 52.2 |
| 第11紙 | 34.2 | 29.4 |
| 第12紙 | 34.2 | 52.7 |
| 第13紙 | 34.2 | 52.1 |
| 第14紙 | 34.0 | 52.0 |
| 第15紙 | 34.1 | 52.0 |
| 第16紙 | 34.3 | 51.8 |
| 第17紙 | 34.2 | 52.2 |
| 第18紙 | 34.3 | 18.0 |
| 第19紙 | 34.2 | 51.7 |
| 第20紙 | 34.3 | 52.3 |
| 第21紙 | 34.3 | 52.6 |
| 第22紙 | 34.4 | 9.8 |
| 第23紙 | 34.2 | 51.4 |
| 第24紙 | 34.4 | 42.5 |
| 第25紙 | 34.4 | 52.2 |
| 第26紙 | 34.2 | 50.7 |
| 第27紙 | 34.4 | 52.2 |
| 第28紙 | 34.3 | 51.8 |
| 第29紙 | 34.2 | 51.9 |
| 第30紙 | 34.2 | 52.8 |
| 第31紙 | 34.2 | 52.2 |
| 第32紙 | 34.3 | 52.3 |
| 第33紙 | 34.3 | 13.1 |
| 第34紙 | 34.4 | 50.7 |
| 第35紙 | 34.4 | 39.1 |
| 第36紙 | 34.2 | 52.3 |
| 第37紙 | 34.2 | 51.9 |
| 第38紙 | 34.2 | 51.9 |
| 第39紙 | 34.4 | 51.8 |
| 第40紙 | 34.4 | 52.3 |
| 第41紙 | 34.3 | 51.7 |
| 第42紙 | 34.3 | 51.6 |
| 第43紙 | 34.4 | 52.3 |
| 第44紙 | 34.4 | 50.3 |
| 本紙全長 | | 2095.4 |
| 軸付紙 | 34.5 | 44.8 |
| 本軸長 | 36.2 | |
| 本軸径 | 2.1 | |
| 太巻長 | 36.6 | |
| 太巻径 | 5.4 | |

### 巻中

| 紙数 | 縦 | 横 |
|---|---|---|
| 表紙 | 34.5 | 42.2 |
| 見返 | 34.5 | 41.4 |
| 裏打 | 34.5 | |
| 第1紙 | 33.5 | 50.0 |
| 第2紙 | 34.0 | 46.3 |
| 第3紙 | 34.2 | 52.2 |
| 第4紙 | 34.1 | 51.3 |
| 第5紙 | 34.2 | 52.1 |
| 第6紙 | 34.2 | 18.6 |
| 第7紙 | 33.9 | 51.8 |
| 第8紙 | 34.1 | 33.1 |
| 第9紙 | 34.2 | 33.8 |
| 第10紙 | 34.2 | 52.4 |
| 第11紙 | 34.1 | 30.8 |
| 第12紙 | 34.2 | 51.9 |
| 第13紙 | 34.2 | 52.4 |
| 第14紙 | 34.2 | 52.1 |
| 第15紙 | 34.2 | 52.1 |
| 第16紙 | 34.2 | 52.2 |
| 第17紙 | 34.2 | 52.0 |
| 第18紙 | 34.1 | 51.6 |
| 第19紙 | 34.3 | 52.2 |
| 第20紙 | 34.3 | 21.2 |
| 第21紙 | 34.2 | 32.8 |
| 第22紙 | 34.2 | 31.2 |
| 第23紙 | 34.2 | 52.3 |
| 第24紙 | 34.2 | 52.2 |
| 第25紙 | 34.2 | 52.3 |
| 第26紙 | 34.3 | 51.9 |
| 第27紙 | 34.2 | 52.2 |
| 第28紙 | 34.2 | 52.2 |
| 第29紙 | 34.2 | 52.4 |
| 第30紙 | 34.3 | 15.9 |
| 第31紙 | 34.2 | 51.9 |
| 第32紙 | 34.3 | 36.2 |
| 第33紙 | 34.3 | 52.1 |
| 第34紙 | 34.2 | 23.8 |
| 第35紙 | 34.3 | 52.1 |
| 第36紙 | 34.3 | 23.6 |
| 第37紙 | 34.2 | 52.2 |
| 第38紙 | 34.1 | 52.8 |
| 第39紙 | 34.2 | 52.3 |
| 第40紙 | 34.1 | 27.8 |
| 第41紙 | 34.2 | 29.7 |
| 第42紙 | 34.2 | 52.1 |
| 第43紙 | 34.3 | 52.3 |
| 第44紙 | 34.2 | 35.5 |
| 第45紙 | 34.3 | 52.1 |
| 第46紙 | 34.2 | 50.6 |
| 本紙全長 | | 2052.6 |
| 軸付紙 | 34.5 | 44.4 |
| 本軸長 | 36.3 | |
| 本軸径 | 2.1 | |
| 太巻長 | 36.6 | |
| 太巻径 | 5.4 | |

### 巻下

| 紙数 | 縦 | 横 |
|---|---|---|
| 表紙 | 34.5 | 43.1 |
| 見返 | 34.5 | 42.3 |
| 裏打 | 34.5 | |
| 第1紙 | 33.6 | 50.8 |
| 第2紙 | 34.0 | 51.9 |
| 第3紙 | 34.0 | 24.6 |
| 第4紙 | 34.0 | 52.2 |
| 第5紙 | 34.1 | 51.9 |
| 第6紙 | 34.0 | 27.4 |
| 第7紙 | 34.0 | 52.3 |
| 第8紙 | 34.1 | 51.7 |
| 第9紙 | 34.2 | 51.8 |
| 第10紙 | 34.2 | 43.8 |
| 第11紙 | 34.2 | 52.3 |
| 第12紙 | 34.2 | 52.3 |
| 第13紙 | 34.2 | 52.3 |
| 第14紙 | 34.1 | 52.0 |
| 第15紙 | 34.2 | 52.5 |
| 第16紙 | 34.2 | 52.3 |
| 第17紙 | 34.2 | 51.9 |
| 第18紙 | 34.2 | 52.5 |
| 第19紙 | 34.2 | 52.7 |
| 第20紙 | 34.2 | 29.5 |
| 第21紙 | 34.2 | 51.9 |
| 第22紙 | 34.2 | 22.8 |
| 第23紙 | 34.3 | 52.9 |
| 第24紙 | 34.2 | 52.2 |
| 第25紙 | 34.3 | 51.7 |
| 第26紙 | 34.2 | 52.1 |
| 第27紙 | 34.2 | 25.6 |
| 第28紙 | 34.2 | 51.5 |
| 第29紙 | 34.2 | 52.2 |
| 第30紙 | 34.2 | 26.8 |
| 第31紙 | 34.3 | 52.8 |
| 第32紙 | 34.3 | 52.3 |
| 第33紙 | 34.3 | 51.8 |
| 第34紙 | 34.3 | 51.6 |
| 第35紙 | 34.3 | 51.8 |
| 第36紙 | 34.3 | 52.1 |
| 第37紙 | 34.3 | 13.2 |
| 第38紙 | 34.3 | 27.7 |
| 第39紙 | 34.3 | 38.7 |
| 第40紙 | 34.3 | 52.7 |
| 第41紙 | 34.3 | 50.9 |
| 第42紙 | 34.2 | 45.6 |
| 本紙全長 | | 1939.6 |
| 軸付紙 | 34.5 | 34.4 |
| 本軸長 | 36.3 | |
| 本軸径 | 2.1 | |
| 太巻長 | 36.6 | |
| 太巻径 | 5.4 | |

尊経閣善本影印集成 89

# 荏《え》柄《がら》天《てん》神《じん》縁《えん》起《ぎ》

発行 令和六年十二月二十日

定価 （本体三二、〇〇〇円＋税）

編集 公益財団法人 前田育徳会尊経閣文庫
東京都目黒区駒場四－三－五五

発行所 株式会社 八木書店出版部
代表 八木乾二
東京都千代田区神田小川町三－八
電話 〇三－三二九一－二九六九（編集）
－六三〇〇（FAX）

発売元 株式会社 八木書店
東京都千代田区神田小川町三－八
電話 〇三－三二九一－二九六一（営業）
－六三〇〇（FAX）

製版・印刷 天理時報社

製本 博勝堂



ISBN978-4-8406-2389-6 第十一輯 第1回配本

Web https://catalogue.books-yagi.co.jp/

E-mail pub@books-yagi.co.jp